# 矢板明夫在台灣「說三道四」

八旗文化——編輯

# 目次

## 第二章 說說台灣政治・II

### ——民進黨和國民黨，是怎麼回事？

## 第三章 說說台灣政治・III

### ——現在的台灣，必須捍衛本土價值

## 第四章 說說台灣與中國
### ——真的很難擺脫那個簡體字國家的糾纏

# 第五章 說說台灣外交
## ——現在走到「國際」的哪裡了？

## 第六章 說說台灣社會

### ——我在台灣看到了這些不一樣的地方

# 自序

二〇二〇年三月初，在全球疫情最緊張、台灣也準備對外國人關閉國門的前夕，我順利地和我的家人來到台北赴任。當時我們還不知道，這有多麼的幸運。

在全世界，包括日本，都被疫情的不斷爆發搞得焦頭爛額之際，台灣的陳時中團隊比別的國家多守了五百多天，到了二〇二一年五月，疫情才出現破口。防疫團隊又用了僅僅兩個多月的時間，讓七百多個感染案例，降低到三十個以下，然後幾乎一直維持在個位數，直到新的病毒變異株奧米克隆（Omicron）出現。

在這段期間，我見證了台灣防疫的成功。經濟、日常的生活，基本上都沒有受到太大的影響。我也有幸看到日本贈送疫苗給台灣，參與協調台灣企業和團體在《產經

新聞》刊登廣告感謝日本的援助，見證原本就親密的日台關係獲得更進一步的發展。

二〇二二年四月一日上午，我去台北榮總打了第三劑高端疫苗。我認為，在這個世界上，凡是民選政府授權的疫苗都是安全有效的。之所以選擇高端，是因為在台灣有些人不相信自己的政府、不相信自己的專家，一直透過媒體妖魔化台灣國產的高端疫苗，所以想站出來表示一下支持。

因為高端不好預約，有人勸我第三劑選擇別的疫苗。但我知道，如果我打了別的疫苗，說不定會被有心人說「連矢板明夫都不相信高端了」等閒話，只好一大早跑去榮總。

在日本，我的父母和朋友打疫苗都不能選擇品牌，當地政府安排是什麼就打什麼，因為打疫苗的目的是防止染疫。但是在台灣，連打什麼疫苗都會被牽到政治，不得不說是一種悲哀。

四月一日這一天，台灣單日新冠肺炎確診人數突破了一百人。但和去年不同的是，社會上並沒有很大的恐慌，指揮中心也沒有下令升級防疫管控，餐廳、電影等公共設施照常營業。很明顯，指揮中心已經調整了防疫政策，放棄了清零，選擇了和病

毒共存，既控制又開放。

現在，全世界所有國家都在和病毒搏鬥。英國的全面開放，和中國的徹底封城，都要付出巨大的社會成本。哪一種防疫模式好？沒有標準答案。與病毒共存，是一個非常具有挑戰性的新嘗試，但是看到今天的國際趨勢，也是不得不做的選擇。隨著今後感染者人數的增加，各種雜音可能又會出現，但我認為，現在台灣最需要的是團結和信心。

台灣的陳時中領導的指揮中心是至今為止全世界最成功的防疫團隊，沒有之一。當然，指揮中心也有過一些判斷失誤和值得反省的地方，但疫情爆發兩年多以來，他們冷靜應對，度過了一次又一次危機，基本上保護了台灣人民的生命財產的安全。作為一個生活在台灣的外國人，能在這裡過上正常的生活，我是心存感激的。

---

很多朋友對於我的出身背景以及我和台灣的緣分很好奇。藉著這個機會，我就簡單說一下。

我在一九七二年出生於中國天津市。祖父母都是日本人，本來我的祖父在北京經營一家電器行，一九四五年因為日本的兵員不足，就被應徵入伍，沒多久被蘇軍俘虜到了西伯利亞，在西伯利亞去世了。祖父去世後，祖母沒有辦法，就把當時三歲的父親和五歲的姑姑出養後改嫁。所以，我的父親是由中國養父母養大的。

只因為身為日本人，文革的時候，父親就被打成「日本間諜」，遭受政治迫害。原本是照相館攝影師的他，被分配到澡堂幫人搓背。最艱難的時候，為了養家糊口，每三個月去賣一次血。一直到一九七二年，日本的田中角榮訪問中國後，情況才有了改善，而我父親也從「日本間諜」變成「外國友人」。

我母親出身傳統書香門第，天津師範大學畢業後和我父親結婚，並開始在高中教書，但工作被分配在外地，和我父親分隔兩地長達十年。我是在田中角榮訪問北京一個星期後出生的，幾年後我父親被選為天津市政協委員，我母親也終於在我六歲的時候獲調回天津。

生活似乎在一天天變好，但是，在那樣一個不安定的國度裡，一個接著一個政治運動，猶如坐過山車（雲霄飛車），隨時可能被打入十八層地獄。父母在我還小的時

候就下決心要回日本。

經過了尋親等過程，還有多年的努力，一九八八年，我十五歲的時候，一家人回到了日本。

十五歲，應該是朋友最多的時候，但剛回到日本的我語言不通，大約有一年半的時間，我都在觀察周遭的人事物，透過思考、形成自己的觀點。我發現在日本，即便是陌生人也都很友善，而且政府所有的政策都是替弱者著想，社會上不公平的現象很少。日本媒體對日本政治人物也沒有什麼吹捧，反而天天嚴厲批評，不像中國，天天都說我們的領袖多麼偉大。

記得最初編入中學二年級時，上課根本聽不懂，第一次考試分五科，我只有數學會寫，英語勉強可以，國語、社會都零分，五門科加起來只考一百多分，全校五百五十多人，我排名第五百三十名。初中到高中，每次考試成績都持續進步，回想起來是一段難得的經驗。

大學很幸運考上了慶應大學，因為想融入日本主流社會，加上從中國到日本後，看見日本的政治很好，開始有點想從政，所以選擇了可以更進一步了解日本傳統文化

的文學部國文科，研究日本古典詩歌、古今和歌集等等。

大學畢業後，我考上松下政經塾，那是日本「經營之神」松下幸之助辦的一所培養政治人才的學校，在這裡學了三年。一九九七年在政經塾學習期間，我第一次來到台灣，也開始對台灣問題產生興趣，後來在政經塾自選的研修主題就是「日本在兩岸關係中可以扮演的角色」。政經塾畢業後，我又想進一步了解中國，於是再到中國社會科學院讀了三年的外交哲學的博士課程。

因緣際會，二十八歲那年和我在政經塾的台灣同學結婚，成為台灣女婿，從此和台灣結下不解之緣，每年都會來台灣一兩次。我太太一直希望能回台灣，但那時，命運之神安排的時間還沒有到。

二十九歲那年，我正式開啟了記者的職業生涯，在《產經新聞》從埼玉縣的地方新聞跑起；那幾年的經驗，讓我對日本地方的生態、政治和社會環境，有了更深刻的了解。從一則交通事故的小豆腐塊，寫到縣版頭條、再到全國頭版頭條，那些日子的磨練，為我日後的記者生涯打下了重要的基礎。

二〇〇七年，我被《產經新聞》派駐北京，任期意外地長達十年。這十年間，採

訪了汶川大地震、北京奧運會、習近平上台等等歷史重大事件。採訪過中國共產黨老幹部等很多人，閱讀大量資料文獻，與前輩同事共同撰寫了《鄧小平秘錄》。後來，陸續又撰寫了《習近平：共產中國最弱勢的領袖》（中文版於二〇一二年出版）、《習近平的悲劇》（日本版於二〇一七年出版）、《中國人民解放軍的真相》（中文版於二〇二〇年出版）等書。

此外，我也和來自中國重慶，日本著名的時政評論家石平，合著了《曾經以為中國最幸福》（中文版於二〇二〇年出版），戳破中國幸福的假象。

---

日本前首相安倍晉三在二〇二一年十二月一日演講中提到「台灣有事等於日本有事」，刺激了中國的神經，中國外交部部長助理華春瑩當晚急召日本駐中國大使垂秀夫抗議，稱「日本沒資格對台灣問題說三道四」。不禁讓我想起最近網路上的一些對我的批評。

十二月十八日的「四大公投」之前，我在臉書上發表一些意見，引起了一些藍營

朋友的不滿，在廣播節目中用一些情緒性的語言指責我，說「日本人不應該干涉台灣內政」。

我認為，台灣擁有一個享有高度言論自由的公民社會，不分國籍、社會地位，居住在這裡的每個人，都應該有對公共事務發表意見的權利。做為一個從事國際新聞報導的記者，對自己所駐在的國家的各種公共政策發表評論，也是我的本分。

我曾經外派在北京十年，就中國的民主化、人權、貪汙腐敗、環境汙染等問題，發表過無數篇批評文章，不知有多少次被中國官方叫去抗議、恐嚇，我從來沒有想過屈服。這種想法今後也不會改變。

今天的世界已經漸漸融為一體，很多的國家的內部事務和國際事務息息相關，而且一些有關價值觀的問題，是超越國籍的。

馬來西亞歌手 Namewee 黃明志創作的《玻璃心》批評中國的小粉紅，引起了全世界華人的共鳴；旅日台灣作家李琴峰去年在推文上狂批當時的安倍首相「應該入獄」，但並不影響她獲得日本文學的最高殊榮「芥川獎」。

希望那些藍營的朋友能夠放寬心胸，對外國人的不同意見能夠寬容，凡事不要太

「玻璃心」。

今後，我還會繼續「說三道四」。當然，我的意見並不見得正確，歡迎隨時糾正、反駁，希望透過和大家理性的交流，共同促進社會的進步。

矢板明夫

# 第一章

# 說說台灣政治・I

## ——走李登輝路線時，要帶上蔣經國嗎？

# 01／蔣經國至今被供奉在神壇上

今天（二〇二二年一月十三日）是蔣經國前總統去世三十四週年，一大早就在網路上看到了很多篇紀念文章，還有一些政治人物去頭寮陵寢、蔣經國紀念館等地獻花，表達追思。所以我想先談談蔣經國。

從一個外人的角度看台灣，我覺得台灣的歷史描述是非常缺乏客觀性的。就對蔣經國的評價而言，除了一些政治光譜極綠的人，大部分人對他都是接受的，都覺得他做得還不錯。但如果按照國際常識來判斷的話，集黨政軍警大權於一身的蔣經國，是一位不折不扣的獨裁者。他主政期間發生了林宅血案、江南命案、陳文成案、美麗島事件等，眾多嚴重侵犯人權的案件，很多台灣人因政府迫害、喪失自由、家破人亡、

流離失所。

蔣經國利用官媒塑造親民形象、推動個人崇拜，其做法和今天中國的習近平沒什麼兩樣。但實際上，他的本質是個獨裁者。他主政時期發生的悲劇，就算有一些是他的手下偷偷幹的，而他有時也發揮一些正面的作用，但他無疑應該負有很大的政治責任。

我認為蔣經國身上是沒有民主DNA的。他早年去蘇聯學習社會主義和共產主義的思想，回到中國，再來到台灣，所以尼古拉．維拉迪米洛維奇．伊利扎洛夫（蔣經國的俄語名字）其實不了解什麼叫做民主，什麼叫做人權。

如果給他一個定位的話，我們首先應該把蔣經國定位成一名獨裁者。當律師為犯罪者辯解的時候，可以說他小時候缺乏母愛，家裡貧窮，或缺乏學校教育、誤入歧途、交上壞朋友等等，但他是個犯罪者的這個事實，是無法否認的。蔣經國作為獨裁者，對台灣的傷害非常大。所以我覺得台灣的歷史評價有點奇怪，非常不客觀。

藍營媒體至今津津樂道的，是所謂蔣經國時代的高度經濟發展、幫助台灣經濟騰飛，以及十大建設等功勞，但蔣經國對台灣真的有這麼好嗎？這要怎麼評價呢？

我覺得這不是蔣經國的貢獻，不過是借勢對台灣有利的國際大環境，順水推舟做了一些事情而已。當時亞洲四小龍的韓國、香港、新加坡，都出現經濟騰飛，後來的鄧小平時代的中國也是一樣。完成經濟騰飛的，並不僅有蔣經國統治下的台灣。說句不好聽的話，這是抄作業。他只不過是去抄別的國家的發展模式而已，我覺得台灣人把抄作業的評價過度提高了。

但在東北亞，無論是日本，還是韓國，在這些同樣在短時間內完成了傲人的經濟發展的國家裡，沒有任何政治人物，像蔣經國一樣至今仍被供奉在神壇上。

另外一點，如果蔣經國的健康不出問題，沒有突然去世，他會如何評估改革開放的中國？這也是一件值得思考的事情。

在中國，鄧小平復出之後選擇經濟改革，而非政治改革，某種意義上他是在學蔣經國。鄧小平的改革讓中國經濟強力發展，社會走向開放和自由，我當時也正好生活在中國，也感受到中國一點點變得富裕，變得朝氣蓬勃、充滿活力。這給了蔣經國巨大壓力。為了統一台灣，鄧小平向蔣經國發出凌厲的攻勢，最有名的是廖承志寫給蔣經國的一封信，希望兩黨能蠲棄前嫌，展開通話，再圖合作，「相逢一笑泯恩仇」。

而在八九之後，鄧小平繼續推動改革開放，日本、美國、歐洲也都紛紛投資支持中國。

蔣經國如果身體好，多活幾年，會不會扛不住壓力，反而被中國這個巨大的磁鐵吸引過去？這件事情我們不知道。

# 02／在台灣民主化進程中的作用不可否認

我對蔣經國印象深刻的一個地方，是一九七〇年台美關係很差的時候，當時台灣人堅決反對蔣家世襲的時候，他去訪美。他在日記中說，明知徒勞無功但他硬著頭皮也要去，結果在美國紐約發生了黃文雄等台獨聯盟成員暗殺他的刺蔣案。

受到如此之大的衝擊，如果是中共的話，一定選擇鎮壓台灣獨立勢力（比如鄧小平在六四之際就選擇對學生開槍），但是蔣經國回到台灣之後，竟然能夠從善如流，提拔台灣青年，我覺得這是他和鄧小平非常不一樣的地方。

李登輝推動民主化的無血革命的基礎，我想是從蔣經國這裡來的。這一點非常重要。所以，我認為雖然蔣經國是獨裁者，有他的歷史局限性，但在台灣的民主化進程

中，他也發揮起了一定積極的作用，是不可否認的。

第一，蔣經國沒有讓自己的兒子當接班人。雖然背後有美國的壓力，他讓自己的兒子接班的難度比較大，但無論如何，兒子不接班這件事情，是台灣民主化過程中一個相當大的進步。

第二，在美麗島事件發生時，蔣經國沒有殺掉施明德等人。我看過沈君山的回憶錄，蔣經國拜託沈君山去旁聽美麗島的法庭。沈君山說：「血流入土地，再也收不回來，但我們的子子孫孫，還是要生活在這片土地上。」這句話打動了蔣經國。如果換成是鄧小平，早就已經大開殺戒了。蔣經國沒有這樣做，促成了後來台灣平穩的權力交接。

第三，蔣經國選擇了李登輝作為自己的接班人，這是一個有本土色彩和民主素養的接班人。我想他多多少少意識到了台灣可能要走向本土化和民主化。他自己當然無法顧及、也看不到這一天了，但是他覺得最好的接班人是李登輝。

我覺得他的這幾個選擇，對今天的台灣人可以享受民主和自由，是關係密切的，也讓自己這個獨裁者和鄧小平這個獨裁者區分開來。鄧小平雖然在天安門鎮壓後繼續推動經濟開放，但是政治體制沒有改變，所以後面才會出現習近平。

# 03／蔣經國對台灣的最大功勞是「反共」

在今天的台灣社會，對蔣經國的評價，是讚揚的人多、批評的人少，可說是台灣人心胸廣闊、不計前嫌。但是，對蔣經國後面的三位總統，李登輝、陳水扁、馬英九，批評的人要遠遠多於對蔣經國，這就有些不可思議。

後面三位總統都是民選出來的，固然有這樣那樣的缺點，但是他們對台灣的傷害絕對要比蔣經國小很多。很多人對小奸小惡咬牙切齒，卻對大奸大惡歌功頌德，這讓我有一種本末倒置的感覺。

如果說蔣經國對台灣有功勞的話，最大的應該是「堅決反共」。面對鄧小平的咄咄逼人的統戰攻勢，蔣經國把「三不原則」堅持到了最後，保住了台灣的主權和尊嚴。

可惜，今天用各種形式紀念蔣經國各個政治人物，早已拋棄了最寶貴的政治遺產，基本都已經不反共了。

所以這時，蔡英文總統在蔣經國圖書館的開幕式上講話（二〇二二年一月二十二日），肯定蔣經國的「反共保台」，我認為非常及時和重要。我們《產經新聞》也刊登了這條消息，做了報導和分析，但蔡總統的講話在國內引起了軒然大波，很多台灣的媒體都從「搶走了國民黨的神主牌」等對今後政局的影響的角度來分析。

作為外國媒體，我想從另一個角度，也就是蔡英文的舉動對今後的台灣，以及台灣與世界的互動的角度，來談一下。

首先，我認為蔡英文對蔣經國的肯定，對彌補和修復台灣的族群對立，有一定的意義。蔡英文是民進黨的主席，也是中華民國的總統，是全體台灣人的國家元首。

兩年前的總統選舉，蔡英文得到了八百多萬票，但對手也得了五百多萬票。蔡英文的支持者中有很多人認為蔣經國是「獨裁者」，但是對手的支持者中有很多人認為蔣經國是「偉人」，這些想法已經上升到了信仰，不是靠擺事實、講道理可以說服的。

我們可以從二〇二一年年底到二〇二二年一月，四大公投、中二選區的補選、罷

免林昶佐等一次又一次的投票和動員中，看到台灣社會被不斷撕裂。但是在執政黨取得六連勝之後，蔡英文沒有繼續窮追猛打，而是去參加紀念蔣經國的活動，對蔣的成就給予某種肯定，向對手陣營傳遞善意，這對修復台灣社會內部的政治對立是有效的。

現在，美日歐澳等國際社會紛紛挺台。大家想支持的是一個團結的台灣，而不是一個分裂的台灣。

第二，清算國民黨一黨獨裁時代的罪行，實現轉型正義固然重要，但是對現在的台灣來說，當務之急是怎樣對抗來自中國的威脅。

蔣經國的支持者之中，也有很多是支持自由民主價值，希望捍衛台灣今天的生活方式的人。蔡英文透過參加蔣經國的紀念活動來團結這些人，把所有保衛台灣的力量結合在一起，是非常重要的，也體現了總統的高度。

第三，美國的拜登總統上台之後，全世界主要民主國家召開了民主峰會，「反共不反中」已經漸漸成了世界潮流；國際社會批評的是中國共產黨的對外擴張、踐踏人權等倒行逆施，並不是針對十四億中國人。

民進黨高舉的「抗中保台」招牌，其實並不如「反共保台」有號召力。蔡英文透過紀念蔣經國，為台灣重新豎起反共的大旗，對提升台灣在國際社會上的存在感和影響力，有著積極的意義。

# 04／日本哲人融合台灣血統的李登輝

前幾天寫了一篇評論蔣經國的文章引起了一些議論，有朋友想讓我談一談李登輝，也歡迎大家一起交流。剛好今天（二〇二一年一月二十五日）是李登輝前總統九十九歲的冥誕。

日本社會對李登輝的評價是很高的，甚至可以用「崇拜」這個詞來形容，更有全國性組織「李登輝之友會」。李登輝去世的時候，有上千人去東京的台灣代表處表達哀思，比對本國的政治人物還要重視。我的同事河崎真澄說：「在很多日本人看來，李登輝有著標準的父親的形象。」

從李登輝身上，不僅能看到日本精神，也有台灣本土文化、中國的儒家思想，以

及美國文化的影子，他是一個多面且複雜的哲學家。在我看來，李登輝是日本哲人融合台灣本省血統的領袖。

我個人覺得，李登輝最了不起的地方有兩點：第一是堅忍，第二是慈悲。他為了達成台灣民主化和本土化的政治理念，忍辱負重、默默苦行，多次向敵人讓步、妥協，但最後都能夠甩掉包袱、繼續向前，從不迷失方向。這一點是很多人非常難做到的。

另外，李登輝在掌握權力之後，並沒有對他當年的政敵進行清算。俞國華、李煥、郝柏村、王作榮等人，晚年都可以一邊批評李登輝，一邊頤養天年。這不是常態。我們可以看到習近平的政敵如薄熙來、郭伯雄、周永康等人，至今還在獄中；伊拉克的海珊在民主化之後，直接被送上了絞刑架。台灣社會今天能夠相對安定，李登輝的功勞是非常大的。

當然，李登輝時代也留下了一些負面遺產。比如說，司法不公和黑金政治，至今仍是困擾台灣社會的難題。

# 05／最後一個反共的國民黨主席

馬英九常說，李登輝背叛了蔣經國。但實際上，蔣經國的一生當中做的最重要的事情是反共，而李登輝堅決繼承了蔣經國的反共路線。在國民黨裡，李登輝是最後一個反共的國民黨黨主席。李登輝之後的國民黨主席，完全看不到反共的樣子，全變成親共的了。

李登輝去世後，日本前首相森喜朗前來弔唁，他已經八十三歲，一個星期要洗腎三次，但他卻堅持要來給李登輝燒第一柱香。因為他認為，日本和台灣的關係不一樣，他自己也深受李登輝的影響。這一兩年去世的政治人物很多，包括法國的席哈克、美國的老布希、日本的中曾根康弘，但他們都沒有如李登輝的去世引發如此大的

影響力。為什麼李登輝具有如此之大的凝聚力？因為李登輝是反共的。

現在，反共已成為全世界民主社會的新共識。自從美國前國務卿蓬佩奧在尼克森總統圖書館發表演講（二〇二〇年），說出「如果自由世界不改變共產主義中國，共產主義中國就會改變我們」之後，大家已經意識到共產黨的危害。李登輝去世後，蓬佩奧也加以悼念，等於是李登輝又把這些反共的人凝聚在一起了。

所以，馬英九的路線才是真正背叛蔣經國的路線。反共的蔣經國選李登輝做接班人，其實是他做過最正確的一件事。而當國民黨失去反共這個巨大的目標，這個政黨就已經失去了在台灣存在的意義。

李登輝面對中國也絕不退讓，比如說一九九四年的千島湖事件，中國不承認發生此事，拒絕提供訊息，李登輝就在媒體上罵中共還是土匪，大陸不是一個文明國家。九〇年代，《產經新聞》是唯一一家駐在台北的日本媒體，其他日本媒體都在北京。當時我的一位前輩吉田信行擔任台北支局長，他採訪李登輝時問：「這麼說是否太過份了？」李登輝回答說：「對方理虧的時候，一步都不能讓！」

很多台灣媒體說李登輝媚日，但是在外國領導人當中，罵日本最多的就是李登

輝。二〇〇一年，卸任後的李登輝計劃去日本治療心臟病，當時日本首相森喜朗受到中國壓力，不同意李登輝赴日。中國認為「台獨分子」李登輝訪日是基於政治目的。

一九九〇年代是日本被中國耍得團團轉的年代，中國一會讓你戰爭賠款，一會讓你謝罪，一會又來個領導人指著天皇訓斥一頓。這時李登輝召開記者會，批評日本政府「膽小如鼠」，讓整個日本輿論為之沸騰，說「對對對，我們就是膽小如鼠！」被罵得心服口服，欣然接受。後來，在輿論壓力下，日本政府最後同意了李登輝赴日。

這說明李登輝面對困難時非常有勇氣。一九九四年，李登輝訪問中南美洲的時候也是如此，柯林頓時代的美國，僅讓李登輝的飛機在夏威夷過境加油。當時他認為美國的安排看不起台灣，所以堅持不下飛機，在飛機上穿著睡衣見美國ＡＩＴ的代表白樂崎（Natale Bellocchi），作為抗議。美國國會及輿論為之牽動，認為不應該如此羞辱台灣總統，因此第二年參眾兩院全票通過李登輝訪美。這才有他在康乃爾大學那場著名的演講《民之所欲，常在我心》。

# 06／日本人心中標準父親的形象

李登輝去世，是我二〇二〇年三月來台灣赴任之後，《產經新聞》遇到的最大的新聞。我們在兩天之內，加起來一共做了十一個版面的報導，遠遠超過日本的前首相中曾根康弘去世（二〇一九年）的新聞。

對日本人來說，李登輝並不像一個外國人，反而像是日本的親人，所以他去世時，日本人有種好像是留在台灣這個家鄉的父親去世的感覺。在東京的李登輝靈堂有上千人排隊去悼念，已經超過了日本前首相過世時的情況。李登輝是台灣人的財產，也是日本人的財產，因此，他的去世對日本人而言也是一大損失。

日本人為什麼會喜歡李登輝？其實他在台灣剛當總統的時候，在日本並不是很有

名。他在日本變得有名，是作家司馬遼太郎（過去曾是《產經新聞》的記者）與李登輝對談，寫了《台灣紀行》之後的事。這本書在一九九三年出版，然後一九九五年李登輝去美國演講，一九九六年台灣民主化，他一下子從台灣的政治人物變成了國際上的政治人物，在日本的知名度也一步步上升。

日本人看到的是，李登輝在那個大時代如何把台灣帶入國際社會，怎麼樣實現台灣的民主化，以及他的理念是什麼。這與台灣人寫李登輝傳時用的角度不同。台灣人寫李登輝傳寫得比較細，比如什麼跟郝柏村的肝膽相照，和俞國華的權力鬥爭。其他台灣的政治人物，日本人基本上都不知道。日本人只認識李登輝。

我們《產經新聞》寫過世界上比較重要的政治人物的秘錄，最早是《蔣介石秘錄》，然後出過《毛澤東秘錄》、《鄧小平秘錄》。此外，我們也出版過《史達林秘錄》和《羅斯福秘錄》。但在所有的秘錄寫作中，只有《李登輝秘錄》花的時間最長，而且作者多次採訪李前總統本人。

《李登輝秘錄》的作者河崎真澄說，李登輝在日本人的心中有著標準父親的形象。他身上有很多很多日本人的優點，這也是日本的政要，包括安倍晉三、森喜朗等

人拜訪李登輝，請教他一些關於日本問題的原因。

李登輝受過完整的戰前日本的教育，具有日本的武士道精神。但像日本前首相森喜朗，他在日本敗戰那年才八歲。他的小學課本裡關於戰前日本的傳統價值的部分，已經被美國占領軍塗成黑色的了，認為那是軍國主義。所以他們這一代日本人完全沒學到日本的傳統價值。

也就是說，日本戰後的教育，其實把日本傳統的價值觀完全否定了。然後日本經濟起飛，讓日本人逐漸產生自信，但是到了一九九〇年代，日本經濟停滯，進入了「失去的二十年」，讓整個日本民族喪失了信心，變成無根的草。這時日本人突然發現有一個叫做岩里政男、接受過日本教育的台灣人，竟然領導台灣實現了民主化。所以日本人紛紛拜訪李登輝，把他當成日本的國師。

李登輝告訴日本人說，你們要有自信。日本傳統文化當中的勤勉奉公、勇於擔當、嚴以律己、自我犧牲、責任感，這些日本的傳統價值觀也深刻影響了李登輝。結果是，日本人從李登輝身上，再次找到了自己的自信。

李登輝的人生足跡，也是非常符合日本武士道精神的。比如他通過民主化，終結

了國民黨的一黨獨裁政權，但是到他去世為止，他都沒有說過一句蔣經國的壞話。這就是日本的武士道精神——對自己有恩的人，你絕對不能去批評他。

另外一點是，做不到的事情他不說，只說自己能做得到的事情。比如說台獨，李登輝非常非常謹慎，到最後也不說他支持台獨；我們《產經新聞》歷任記者都曾問過他這個問題，他都會講「我是不是我的我」，把這個問題很巧妙地化解掉，然後日本記者就不知道他在說什麼了。然而他一步一步、紮紮實實做的，其實正是台灣的本土化。

# 07／在本土化的路上，和不同立場的人合作

我覺得李登輝是一個理念非常清晰的人。他為了實現自己的理想，可以和與自己理念不同的人合作，這是常人非常難以做到的事情。他當上總統之後，和他合作的人從俞國華、郝柏村、李煥、宋楚瑜、連戰，到他最後離開國民黨，變成完全的台灣本土勢力的代表。

雖然一路上和他合作的親密夥伴，最後都分道揚鑣，但是在某種意義上，李登輝並沒有變。他是有自己理念的人，為了理想不得不在每個不同階段和不同的人合作，一路走下去，他是非常孤獨的。在他「身為台灣人的悲哀」這句話的背後，尤其可以想見這種孤獨。

李登輝實現他理念的曲線，和台灣人的本土意識的曲線是一致的。一九九二年的時候，認同自己是台灣人的人只有百分之十七；但二〇二一年六月份做的民調中，認同自己是台灣人的，有百分之六十三。認為自己既是台灣人又是中國人的，在一九九二年時有百分之四十六，現在則是百分之三十一。一九九二年年認為自己只是中國人的，當時有百分之二十五，但現在只有百分之三再多一點。台灣的民意在這三十年的變化過程，正是李登輝一路上和不同的人合作，最後把台灣帶到本土化的歷程。

我覺得李登輝很了不起的地方是，雖然他不停地更換合作伙伴，所以每一個合作過的人都罵他，但是他的每一個敵人，最後都壽終正寢。他的競爭對手在晚年都活得很滋潤，幾乎每個人都活到快一百歲。

台灣過去是少數族群統治多數族群，這種社會結構，一旦讓多數族群翻盤，少數族群往往會出現血債血還的情況，這種現象在人類歷史上多次出現。在其他國家，如果要實行民主化可能會死很多人，但台灣的民主化、本土化卻是一個長期的過程，當中雖然出現過很多抵抗勢力，但是李登輝真正實現了寧靜、和平的革命。

李登輝採用一種非常軟性的、理念非常堅強的、一種悲天憫人的方式，讓台灣沒有發生很劇烈的暴力衝突和仇恨，就實現了民主化，而其中很大的原因是李登輝高超的政治藝術。

我也在這裡聊一下陳水扁。很多人認為李登輝在暗地裡支持陳水扁，但實際上並沒有。比如說在選舉台北市長時，李登輝在最後一刻是支持馬英九的；他把馬英九的手舉起來，說他支持這個新台灣人。

二〇〇〇年總統選舉的時候也是如此。國民黨的支持者認為李登輝偷偷支持陳水扁，所以跑到李登輝的官邸前面抗議，要求李登輝下台。但我在採訪陳水扁時，他和我說，李登輝真的沒支持過他。

李登輝支持的是具有台灣價值的人。他和陳水扁交接總統職位的時候，告訴陳水扁說，《國統綱領》和《中華民國憲法》，是支撐台灣安全的兩個支柱。它們就好像是一座帳篷的支柱，你在帳篷下面自由行動，做什麼都可以，但是不可以把帳篷掀翻了。

這是李登輝給陳水扁的建議，所以陳水扁在就任總統的時候提出「四不一沒有」

（「只要中共無意對台動武，本人保證在任期之內，不會宣布獨立，不會更改國號，不會推動兩國論入憲，不會推動改變現狀的統獨議題公投，也沒有廢除《國統綱領》與國統會的問題。」）。

但是二〇〇〇年後，李登輝支持成立的「台灣團結聯盟」，和民進黨發生爭奪選票的衝突，導致李登輝和陳水扁兩人因此漸行漸遠。一直到陳水扁從監獄出來以後，兩人才再次和解。

所以我認為他們兩人之間絕對沒有什麼密謀。他們的共同點，都是台灣本土意識和本土價值比較強的政治領袖。

# 08／提議把迪化街改為李登輝大道

台灣有一條街叫迪化街，我每次經過這裡心裡都不舒服。「迪化」是現在烏魯木齊原來的名字。那「迪化」是什麼？就是說少數民族頑冥不化、野蠻落後，所以需要被啟迪開化。中共後來把迪化改成烏魯木齊，意思是「美麗的草原或牧場」。

中國現在還有很多歧視少數民族的地名，例如甘肅有個叫「武威」的地方，是漢武帝起的名字，就是用耀武揚威、鎮壓少數民族。四川有一個地方叫「犍為」，原本是夜郎國的土地，犍的意思是「被閹割的公牛」，如此取名的意思就是把夜郎國像公牛一樣給閹割了。

但在台灣這種民主國家裡面，還有像「迪化」這樣非常歧視少數民族的地名存在，

其實是很難想像的。畢竟連中國都不用這個詞當作地名了。

有些人可能會認為，改街道名字是在去中國化，但是這跟去中國化在概念上完全不同。現在要處理的，是一個明顯帶有歧視少數民族意涵的街名。如果現在還用的話，我覺得跟今天台灣的國際形象和社會輿論也不相符。

李登輝一直以來推動原住民政策，讓原住民找回了自己的名字，找回了自己的文化，所以我提議把迪化街改名為「李登輝大道」，如此一來，一定對台灣的形象有非常好的影響。

改成李登輝大道，肯定會有人反彈，認為不能搞個人崇拜。實際上，用政治人物的名字命名，並不違反民主。現在全世界最大的民主國家美國，他們很多的軍艦、機場都是用人名來命名。所以我覺得改名跟個人崇拜沒有關係。

另外，說出這種話的人，不知道台灣有多少中山路和中正路嗎？或是台北的林森北路的「林森」，這位國民政府的代理主席，在政治上根本毫無建樹，現在的人也根本沒有誰知道他，但林森北路還留在那裡。甚至根本沒來過台灣的羅斯福，卻在台灣有條羅斯福路，羅斯福跟台灣到底有什麼關係？這些我覺得很值得大家想一想。

中正機場已經被改為桃園機場，介壽路被改成凱達格蘭大道，看不出來為什麼不能有一條李登輝大道。

# 09／不能再接受外來政權的統治

台灣獨立運動的精神領袖彭明敏教授今天（二〇二二年四月八日）去世了，有一個時代已經終結了的感覺。三年前去世的史明先生、兩年前的李登輝前總統，以及今天去世的彭教授，是同一代人，他們曾經為同一個目標奮鬥過。

史明在早稻田大、李登輝在京都大學、彭明敏在東京大學就讀，三個人都是日本統治時代的台籍精英，了解日本統治者對台灣人的種種不公平，他們更不認同國民黨的一黨獨裁統治的殘暴。

但是，他們三人採取了不一樣的抗爭方式。史明在東京池袋自己家裡製造炸彈，企圖透過武裝鬥爭推翻政權；李登輝進入體制，想從內部改革統治集團；而彭明敏則

透過發表文章推動反對運動，促進台灣的民主化。

這三個人在台灣的民主化進程中，都發揮了非常重要的作用。史明撰寫的《台灣人四百年史》，讓台灣人瞭解了過去、找回了自信。彭明敏的《台灣自救運動宣言》，則成為了反對國民黨獨裁的號角。他們喚醒的台灣人的本土意識，對國民黨統治集團構成了巨大的壓力，間接地促成了李登輝的寧靜革命。

我記得，一九九六年第一次民選總統的時候，主張台獨的彭明敏教授，受到了對岸的和國民黨保守派的口誅筆伐，成為了眾矢之的。但這反而使在黨內推動台灣本土化的李登輝，變成了溫和派的存在，受到的壓力相對減少。所以，彭明敏雖然不是台灣民主化改革的主導者，但間接上發揮了重要作用。

史明、李登輝和彭明敏，如果把這三個人的主張總結成一句話，就是「台灣人不能再接受外來政權的統治，自己要當家作主」。

今天的台灣已經實現了三次政黨輪替，集會、結社、言論自由，都不會受到限制，但是卻面臨著新的問題，且來自對岸的軍事壓力增大。如果一旦被吞併，台灣將再次被外來政權支配，好不容易爭取到的民主和自由也會化為虛幻泡影。

我想，不管是史明、李登輝還是彭明敏，他們晚年最擔心的，可能都是這件事吧。

李登輝最後一次為總統選舉站台是二〇一二年，他拉著蔡英文的手動情地說「台灣就交給你們了」，這應該可以算是上一代民主鬥士，對所有台灣人留下的政治遺言吧。

今天蔡英文總統在臉書上表示：「未來，我們也會繼續傳承彭教授對台灣的熱愛，堅守民主自由，努力打拼。」蔡總統的聲音，彭教授一定聽到了。

彭教授一路好走！大家繼續加油。

# 10／我們外國媒體欠陳水扁一個公正評價

韓國前總統朴槿惠將在月底（二〇二一年十二月）被特赦，很多朋友知道我最近一直在寫關於陳水扁前總統的書，希望我能就陳水扁的特赦問題聊兩句。

先說一下我為什麼要寫這本書。因為我覺得，陳水扁是台灣民主化過程中的一個關鍵人物，他在第一次政黨輪替、軍隊國家化，以及推動台灣本土化等眾多問題上都發揮了不可或缺的作用。更重要的是，他面對中國咄咄逼人的統戰壓力，在國際社會孤立無援的情況下，沒有讓步，反而用最大的努力保住了台灣的主權和尊嚴。

這一點，不僅僅對台灣，對同樣面對中國擴張威脅的日本而言，也有很大的啟發和幫助。現在回頭看，如果沒有陳水扁的八年，今天的台灣可能已經被滲透得滿目瘡

痍，說不定和香港沒什麼兩樣了。

有一張照片，我第一次看到的時候非常感動。那是二〇〇五年四月，陳水扁赴歐洲參加教宗葬禮時，從後面握住匆匆走過的美國前總統柯林頓的手。當時中國媒體用此照片笑話台灣，說「台灣的領導人好可笑」，但是從這張照片，我看到的是一個總統為了擴大台灣的外交空間，為了讓世界能看到台灣，不惜放下自己的尊嚴面子，這種勇氣和韌性，是在別的國家的領導人身上很難看到的。

過去兩年，我每次去拜訪陳水扁，他都很在意我會不會把內容寫成報導，因為他目前只是保外就醫，擔心什麼時候監獄會找他麻煩，找藉口又把他關進去。一個曾經為台灣民主化打拚過的功臣，晚年還要如此擔驚受怕，不禁讓人嘆息。

韓國的文在寅總統已經赦免了他當年的政敵朴瑾惠前總統，雖然是以健康問題為理由。但青瓦台發言人表示，希望能藉著特赦「團結全民，消弭社會分歧，促進彼此包容」。

陳水扁坐牢的時間比朴槿惠還要長，已經受到了社會上和法律上的制裁，個人認為，韓國的處理方式或許有值得台灣借鑑之處。

# 11／沒有陳水扁的八年，台灣可能變香港

我之前說過，如果沒有陳水扁的八年，今天的台灣可能已經被滲透得滿目瘡痍，說不定和香港沒什麼兩樣了。我想就這個問題再聊幾句。

我認為，陳水扁就像是台灣的李文亮。武漢疫情爆發的時候，李文亮出來警告大家武漢肺炎很危險，但當時大家都不理他。陳水扁在全世界都在說中國經濟好、要前往中國投資的時候，就他一個人出來說中國很危險、中國獨裁且霸道，我們要抗中保台。

但那時候沒人理他，美國人也認為他是麻煩製造者。到了陳水扁下台十年之後，川普這些人才發現，原來中國真的是邪惡的，這時全世界才開始反共保台。然而幾乎

沒人記得，陳水扁十年前就這麼做了。關鍵就在於他認識到了本質。

當然，二〇〇〇年以後的中國，表面上相對寬鬆自由，經濟強勢崛起，像一個巨大的磁鐵把香港、台灣、全世界的資本都吸引過去。大量台商正是在陳水扁時代跑到中國去建廠，兩岸的經濟往來逐漸地加強；如果當時是藍色執政，一定比馬英九時代更積極擁抱大陸，不用等到馬英九就完全大開放，到了現在中國跟台灣的經濟已經徹底一體化了。

但至少從李登輝開始到陳水扁時代，他們就設下了很多路障。比如說，中華郵政改為台灣郵政，中國石油改為台灣中油等等。所以說，陳水扁八年來設下的路障，其實大大把兩岸融合的速度減緩，而且減緩得非常大。如果當時台灣沒有陳水扁這樣一個堅持本土價值的政治人物當了八年的總統，台灣也一定早就被磁吸過去了，這是他非常大的貢獻。

馬英九上台以後，花了很大力氣拆除路障。他大約花了七年，拆完路障以後，北京才說他可以來朝貢了，所以等到和習近平在新加坡見面時，已經是二〇一五年了。

如果馬英九的前任不是陳水扁，而是連戰或宋楚瑜，到了他上台的時候或許就不

會有什麼路障。那他上台的第一件事，可能就是跑到中國、把酒言歡去了。到最後，兩岸變得更分不開，那麼現在的台灣，可能也在搞「時代革命」了。

對台灣來說，陳水扁做的事情還有一件非常有意義，就是在任內（二〇〇六年）把《國統綱領》給凍結了。他本來是想廢除的，但是在美國壓力下改為凍結，也就是「終止運作」（cease to function）。

可以說，《國統綱領》的凍結是阻止兩岸統一的最大法寶。馬英九上台之後，實際上是想解凍《國統綱領》。但他沒有做，因為凍結起來之後，解凍就需要理由。如果馬英九上台的時候還有《國統綱領》的話，那所有的兩岸政策，都有他可動之處，在推動統一方面就沒有太多約束。

馬英九就任不到半年，就安排中共高官陳雲林首次訪台（二〇〇八年十一月），而之後不到一個星期，陳水扁就被戴上手銬。如果說他們沒有商量過，鬼都不相信。真要說，我認為這其實是一種送見面禮的方式。

馬英九以貪腐的理由抓陳水扁，事實上是因為他的台獨立場。回想起來，這背後自然有中共操作的痕跡。比方說，當時的某位立法委員，天天開記者會爆料扁案，拿

出各種內部資料，最後陳水扁果然被關押入獄。後來，這位爆料人士跑到中國去了，現在要求武統台灣。

然而在當時，大家看到的只是一個打黑的立法委員的形象和角色。從這個例子來看，其實很明顯地可以注意到，問題的核心就在於他是為誰工作。

陳水扁曾說過，他跟國民黨打交道時發現，這群人的字典裡面沒有和平的政權交替，只有抄家滅族，只有斬草除根。所以他認為自己是被政治清算。而清算政敵正是國民黨的文化，也是中國的文化。

## 12／不可以簡單把他定位成一個貪汙犯

現在的陳水扁完全被定位成一個貪汙犯，我覺得這不是很公平。我不是說他在經濟上沒有問題，我並不認為扁案完全是冤案。讀過大量相關資料後，按照一個媒體人對法律的理解與常識，我也相信陳水扁在其任內的某些行為的確觸犯了當時的法律，應該受到一定的制裁。但作為歷史人物，應該看到他在台灣的歷史上到底留下了什麼，而不是簡單把他定位成一個貪汙犯。

此外，陳水扁涉及的經濟犯罪的時間點，是台灣從威權過渡到民主的轉型期。當時法律上對政治獻金的規定並不嚴謹，政治人物的守法意識也沒有完全形成。如果用同樣的標準審核同時期的其他政治人物，包括前任總統和陳水扁的競爭對手們，我想

應該也會查出問題。只嚴懲陳水扁一人，似乎並不公平。

我在這裡還想提一下國務機要費案。眾所周知，國際政治非常現實，很多外交方面的開銷是沒辦法對外公開的。比如說，美國、日本和歐洲有很多挺台的政治人物，我相信在他們選舉的時候，台灣方面應該都會有所表示，而這些開銷不可能有收據，只能用別的發票來代替。陳水扁在後來的司法過程中，寧可自己受委屈，也沒有將細節公諸於眾，保全了台灣的國際空間。對此，我非常欽佩。

我認為陳水扁是在特定的歷史時期出現的歷史人物，他對台灣整體的社會進步、甚至是東北亞格局的確立，都起了非常巨大的作用。如果當年陳水扁沒出來選總統，或者說當時民進黨派另一個人出來選舉的話，十六年下來，台灣很可能已經變成香港。

正是因為這些路障的存在，給蔡英文的出線提供了條件。正如羅文嘉所說，如果沒有二〇〇〇年的政黨輪替，後面的歷史怎麼走，我們不會知道，而蔡英文也可能不會出線。因為蔡英文加入民進黨，就是在陳水扁時代；當時她擔任陸委會的主委，第一次邁入政壇。

台灣人對他的愛恨情仇太多了，但身為一個外國人，我寫陳水扁傳，可以客觀地

給他一些評價。我跟他接觸了幾十次，覺得他確實是一個博學強記的人，也是一個很謙虛的人。他每次都說「向支局長報告」，非常沒有官威，讓我覺得很有好感。

這麼多年來，台灣的媒體不停地造神、然後再把人推下神壇。陳水扁也是先被造成神、然後再被毀掉。馬英九是如此，韓國瑜也是，柯文哲也是。我們是不是應該客觀地看一下政治人物在歷史上留下哪些痕跡？我認為這是非常重要的事情。

像李登輝這位對台灣的民主化、本土化做出很大貢獻的民主先生，對他的評價卻是一半一半。綠營認同他的貢獻，但藍營認定他是台獨分子、搞黑金政治，對他的負面評價非常之多。

到了陳水扁，他完成了民主化的過渡，也實現了軍隊的國家化。在台灣走向民主化的過程、一點一點進步的時候，這些領導人的缺點實際上是在減少，但是人們對他們的評價卻正好相反。台灣人對陳水扁的評價和蔣經國正好成對比，除了一小部分極綠的人，大部分台灣人對陳水扁的評價都是負面的。

雖然陳水扁在經濟上有問題，但是至少他身上沒有命案，也沒有製造冤案和家庭悲劇。我認為應該給陳水扁一個更全面和更好的評價。

# 13／台灣的三條政治路線

于北辰將軍離開國民黨的事情引起了很多關注。我曾經在很多政論節目中和于將軍同台，台下也經常交流。于將軍說話平和公正、邏輯清晰，是一位謙謙君子。

他熱愛國軍和中華民國，如果國民黨黨中央能夠重用他，絕對是一名可以獨當一面的大將。可惜他的理念和今天的國民黨已漸行漸遠，黨不可能給他機會，他的離黨是遲早的事情。

我長期觀察台灣政治，認為除了急獨與急統之外，主要有三條政治路線在纏繞：第一條，是捍衛中華民國，對中共政權不存任何幻想的「蔣經國路線」；第二條，是逐步去中國化，追求台灣本土化的「李登輝路線」；第三條，則是承認九二共識，希

望透過釋放善意以和北京維持和平的「馬英九路線」。

這三條路線，最早都是國民黨內的政治路線，但是最近幾年，蔣經國路線和李登輝路線，已經在國民黨內失去了發言權。台大的明居正教授、前國大代表黃澎孝先生，以及于北辰將軍等人，都曾經是黨內的蔣經國路線擁護者，現在只能在媒體上發表自己的訴求了。

現在的民進黨，走的其實是李登輝路線。最近蔡英文主席又在裡邊添加了一些蔣經國路線的要素，比如說「中華民國和中華人民共和國互不隸屬」等政治主張，所以走得比以前更紮實了一些。

我覺得蔡英文很厲害的地方是，她把李登輝路線和蔣經國路線結合在一起。反共就是繼承了蔣經國的路線，保台就是繼承了李登輝的路線。這是目前台灣最大的公約數。所以，並非蔡英文把蔣經國這個神主牌搶過來，而是國民黨先放棄了。是國民黨不敢提反共，所以蔡英文把它撿起來而已。

在國民黨內，侯友宜市長、林為洲委員的言論中，我們多多少少能看到一些李登輝路線的影子，但是將來能否在黨內成氣候，還有待觀察。

至於馬英九路線，則是今天國民黨內部最主流的聲音，也就是化獨漸統，隨著對岸起舞。前不久（二〇二一年九月）的國民黨主席選舉，其中的四名候選人，無論是朱立倫、張亞中、江啟臣，還是卓伯源，都是主張承認九二共識的候選人。馬英九路線在只談和平發展的胡錦濤時代，或許在台灣有一定的市場，但是隨著習近平政權的窮兵黷武、武力恐嚇台灣、大肆破壞香港言論自由等行為變本加厲，馬英九路線已經漸漸被大多數台灣人民眾所拒絕了。然而，今天的國民黨，卻被馬英九路線、被黨內外的深藍與淺紅勢力綁架，陷入遲遲難以轉型的困境。

在軍人出身的于將軍看來，馬英九路線就是透過對侵略擴張勢力作出政治讓步，進而換取短暫和平的綏靖主義。這不僅背叛了蔣經國的反共主張，也注定在台灣越來越沒有市場。道不同不相為謀，這次于將軍的出走，使國民黨的多元性又喪失了不少。

# 第二章

# 說說台灣政治・II

## ——民進黨和國民黨，是怎麼回事？

# 14／民進黨是有生命力的怪胎政黨

最近一直忙於寫《陳水扁傳》，減少了許多上政論節目的時間，也謝謝許多邀約的厚愛，暫時先讓我把書的進度補上，目前只固定在華視《三國演議》節目。最近一集（二〇二二年一月二日）邀請到民進黨前秘書長羅文嘉，聊了民進黨的路線，非常有意思。

我先講一下我對民進黨的印象。過去我在日本也曾經想過從政，對日本的很多政黨，包括自民黨和現在的立憲民主黨，有一些了解，很多朋友都是議員，此外對美國的政黨也有一些了解。從這個角度看，我認為民進黨是民主國家裡的一個怪胎，而我在中國住了十年研究共產黨，我發現共產黨的組織結構和國民黨、民進黨有很多相似

的地方。

我採訪過民進黨的一些創黨元老，他們是在黨外運動中湊在一起，成立了一個組織，不知道政黨是什麼樣子，就學國民黨，成立中常委和中評委等金字塔型的組織結構。這基本上是屬於列寧式政黨的結構，叫做民主集中制，少數服從多數。

當時的民進黨，在組織上學國民黨之外，在選舉黨主席方面學的是扶輪社，社長每人任一年，大家互相輪流做，後來覺得太短了，一點點改進。所以，早期民進黨就是扶輪社加列寧式政黨的一種罕見架構，而在民主國家很少見這種組織形式。

另外一點是，民進黨雖然天天談民主，但是他的派系構成很像是地下黨的感覺；比如「新潮流系」，是在組黨還不合法的時代，以類似秘密結社的方式組成，號稱「十八飛鷹」，以「信仰堅定、紀律嚴明」而聞名。我聽說直到今天，要進新潮流，就跟皈依教派一樣，必須有長老引介、通過探題，接受洗禮。

我觀察民進黨了不起的地方，有三點。第一，它勇於甩開歷史包袱，只要你不合適了，那就請出去。第二，接地氣。第三，民進黨身邊永遠有強大的敵人，先是手裡有槍的國民黨，現在又出了有飛彈大砲的共產黨，比國民黨更可怕，讓民進黨一直處

在逆境之中。

處於逆境當中，沒有本錢分裂。雖然黨內有各種各樣的矛盾，還是硬著頭皮團結在一起。

# 15／民進黨的核心訴求是本土價值

這麼一個怪胎的政黨為何有如此強大的生命力呢？我認為民進黨有一個最核心的訴求，不是民主，而是台灣的本土價值。

細數台灣在歷史上，先後被荷蘭人占領，被清朝人占領，被日本殖民，又被外來政權的國民黨占領。台灣人一直不能當家作主，而民進黨就是這麼一群要求台灣人當家作主、實現台灣本土價值的人湊在一起。台灣本土價值隨著時代而改變，每個時期的台灣需要的不一樣，民進黨也能迎合它的改變。

比如，早期創黨的、包括朱高正在內的那些人，他們講的理論和今天的民進黨已經是一點關係也沒有了，但民進黨了不起的地方就是它勇於甩掉歷史包袱，只要你不

合適了，那就請出去。

所以民進黨有多少黨主席、多少黨中央的人物，不停地被作為歷史的包袱丟出去，比起國民黨到現在還恭恭敬敬地唸總理遺囑，把每一個時代的歷史包袱全部背在身上，有非常大的不同。

之前，我作為記者去採訪國民黨的黨慶活動（二〇二一年十一月二十四日），在香格里拉飯店，我感覺好像置身於十七、十八世紀的歐洲宮廷集會。女的都打扮得花枝招展，男的都是西裝筆挺，端著紅酒杯，一直在聊一些沒有營養的廢話。藝術啊、體育呀，還有一些國際形勢啊，總之都是不著邊際、模棱兩可的事情。真的是一種沒落貴族般的交際方式。

參加民進黨的活動，偶爾遇到不熟的人，他的第一句話寒暄一下，第二句話就說「你有聽說誰誰要選哪裡嗎？」是真的假，他直接就上乾貨，非常接地氣。

因為民進黨的基本價值是台灣的本土化，所以它目前還沒有資格變成權貴，我覺得這是民進黨的生命力所在。反觀，國民黨雖然已經在野，但是它的秘書長或辦公室主任的官威都很大。

當台灣國家安全的本土價值和言論自由的普世價值發生衝突的時候，比如是否關閉中天電視台，民進黨選擇的是本土價值。這和它早年創黨的自由理念是不一樣的，所以我認為本土價值優先的這個核心，讓民進黨走到現在，而這也是因為台灣的本土化還沒有完全實現。

台灣的本土價值在哪裡，民進黨就會甩掉之前的歷史包袱，選擇跟上去。比如對於「中華民國台灣」這樣的定位，我認為民進黨的立場並不是折中，選擇做中間派，而這是因為台灣現在根本不存在獨立不獨立的問題，重要的是改名不改名的問題。現在，台灣的本土價值是如何走向國際，讓美國接受、讓日本接受、讓澳洲接受，一直喊台獨正名，已經不符合台灣的本土價值了。要改名的話，美國、日本、歐洲目前都不會接受。

國際社會需要什麼，台灣就配合什麼，所以蔡總統的堅持，是最符合今天的台灣價值的。我如果是國民黨黨主席，我馬上跳出來支持。因為國民黨和民進黨鬥了那麼多年，就是爭「中華民國」，但現在你自己的玩具被人搶走了，你卻還沒發現。

當年，李登輝提出兩國論（一九九九年）和陳水扁提出一邊一國（二〇〇二年）

的時候，國際社會都是譴責的，大家認為你是麻煩製造者。但是蔡英文的論述符合今天國際社會背景，因此得到了全世界的支持，這正是汪浩《借殼上市》一書提出的問題。

現在批評蔡英文的四個堅持的，只有北京的共產黨和台灣的在野黨。他們自己的腦子沒轉過來，違背了台灣本土價值，反而一下子就成了中共同路人。

# 16／都民國了，還在喊反清復明

昨天（二〇二二年一月九日）的兩場投票，國民黨雙輸。而從去年底的四大公投開始，國民黨已經連輸六場。很多人把全部責任推給朱立倫主席，這有一定的道理，但我認為，國民黨是輸在理念不清晰。

選民們看不清國民黨的訴求是什麼，除了想打倒民進黨以外，不知道國民黨到底想實現什麼？一個政黨最主要的生命力來源，就是它的理念，看不到理念的國民黨是一盤散沙，沒有凝聚力。

我之前聽過一個對《西遊記》的有趣解讀。孫悟空、豬八戒、沙和尚這三個徒弟的本事都比唐僧大很多，但是他們為什麼要跟隨唐僧？因為，唐僧有理念、有願景，

知道自己要去什麼地方、要做什麼事情。這些本事大的徒弟們，整天無所事事，在花果山、高老莊、流沙河混日子，當他們聽唐僧說要去西天取經來普渡眾生時，找到了人生的方向，所以決定保護唐僧。

國民黨自從兩蔣時代的「三民主義、統一中國」這個口號消失以後，一直找不到一個新的、強而有力的理念和方向，說不清楚自己的兩岸政策和未來的國家藍圖。今天的國民黨的兩岸政策是九二共識，但因說不清楚承認以後可以把台灣帶往何處，所以不敢訴求，只能每天拿著放大鏡挑執政黨的毛病。

二〇二一年發動的一連串的罷免和公投，都起源於國民黨看民進黨不順眼，民進黨做什麼它都反對。就好像打棒球，要選好球打，但國民黨是不管好球壞球來，都揮棒亂打，所以不容易得到多數選民的支持。

前一陣子，台南市議會的國民黨議員提出要求行政院更改國名為「台灣共和國」的提案（二〇二一年十二月二十日）。這完全違背了該黨的兩岸政策，竟然沒有聽說該議員受到黨紀處分，說明國民黨的理念已經完全沒有主軸了。

今天，國民黨所有的政治人物只想把各種各樣的公投和選舉當作自己的提款機，

只想藉之提高自己的聲量。各種「藍」在黨內根本沒有共識，所以在重大議題上，找不到一個共同的方向。

如果沒有堅持理想、默默苦行的唐僧，《西遊記》就是一部妖魔鬼怪打打殺殺的鬧劇，就像今天的國民黨。

一個政黨最重要的就是要有理念。朱立倫在出任黨主席後講「同舟計畫」，我覺得這個名字取得不是太正向，因為我們很自然會想到「吳越同舟」，就是關係很不好的人，現在遇到災難了，不得不湊在一起，根本沒有共同的理念。同舟計畫給人的感覺是，把討厭民進黨的人全部團結起來，一起推翻民進黨。

但是，推翻以後，你想把台灣帶往哪裡？你的理念是什麼？國民黨好像還沒有想好完整的論述給民眾知道。結合了各種藍色的、紅色的，包括黑色的勢力，全弄在一起之後，沒有新的論述，看著好像勢力很大，但其實就是一群烏合之眾。

明末清初，有個天地會，就是有一群人在反清復明。嘴上說著反清復明，說著說著自己都不相信了，但裡面的幫規非常厲害，想叛幫的話可能會被整死，上下的層級，有元老、堂主，分得非常細，然後在裡面為了爭一個堂主，還鬥來鬥去的，跟整

個國內大的形勢完全脫節。

時代和民眾觀點都一直在進步，政黨也必須與時俱進。不應該給人感覺「都已經民國了，還在喊反清復明」。

# 17／某黨唯一的價值就是被中國利用

中國的《人民政協報》日前（二〇二二年二月十四日）刊文指稱，中國國民黨立委陳以信、林為洲立委是勾結國際反華勢力的國民黨頑固派，更被評為「暗獨」。中國國民黨主席朱立倫在臉書回應「我們是中華民國派」，但到底什麼是中華民國派，他卻沒有說清楚。

國民黨天天講捍衛中華民國，但是去年國慶日的時候，蔡英文總統提到，中華民國和中華人民共和國互不隸屬，是很清晰的說法。這個時候，如果國民黨跳出來喊「說得好！我們支持」，一定會得到大多台灣民眾的支持。但偏偏國民黨卻跟北京一起批評蔡英文說的這句話，讓人覺得，國民黨不是在想著保衛中華民國，而是在看北

京的臉色。

其實，國民黨的一個很重要的價值，是被中國利用。國民黨之所以沒有垮掉，是它對習近平政權具有很大的利用價值。因為習近平今年想連任，而要連任的話，他必須拿出一套對台灣政策。這個時候正好，國民黨的代表前往，說中國夢不能缺台灣等等，這是習近平最愛聽的話了。

因為所謂「中國夢」就是習近平搞出來的。他可以對中共黨內那些人說，你看，台灣島內最大的在野黨正在準備奪取政權，有人呼應我。

但是，如果國民黨的利用價值只剩這點的話，想要提升在台灣的支持度，就還有很大的努力空間。事實上，這也正是國民黨在台灣得不到支持的原因。

國民黨的路越走越偏，它把中間的大道讓出來，結果蔡英文就走上這條大道。國民黨如果不改變的話，它的路就會越走越窄。

比如在蔡英文表示支持香港時（二〇二〇年五月二十四日），也正好是國民黨的機會。因為國民黨已經沒有執政包袱，而且江啟臣當選國民黨主席時，北京連個賀電都沒有發，九二共識這個緊箍咒現在已經拿掉了。國民黨現在就可以說，我們和香港

同是中國人嘛，同是中國的同胞被霸凌的時候，就應該出來支持他們。

又比如說，如果國民黨黨團在立法院上提出聲援香港的聲明，或者是譴責中國的聲明，抑或是支援香港的法案，民進黨會不會給過呢？如果給過的話，那就是全體國會一致支持，這對國際上會造成很大的影響，而這也是江啟臣作為黨主席的國民黨的好機會。

國民黨一直批評民進黨很幸運撿到槍，那現在槍就在地上了，問題是你有沒有勇氣撿起來而已。

另一方面，如果我是韓國瑜的話，那我的機會也來了——我不能去東沙，如果去東沙，大家就會以為我在跟北京演雙簧；但如果我去香港、去西環，不進去，就只是站在外面，然後拉著黃之鋒的手，說一句「光復香港、時代革命」，可以想見以後就再也沒有媒體會給我抹紅了。即使高雄市長的位置被罷免掉，我在台灣的政治生命也可以延續。

簡言之，香港的問題對國民黨而言就是一次劃清界線的機會。但是我們看不到國民黨有這樣的思考，他們給台灣留下的印象還是看北京臉色。

# 18／和新上任的國民黨國際部主任辯論

最近，新上任的國民黨國際事務部主任黃介正來到《三國演議》節目（二〇二一年十一月二十三日）。黃主任是著名的國際事務和戰略專家，也是國民黨內部比較理性的聲音的代表。他願意在電視上闡釋國民黨的國際政策，我認為非常重要。雖然他的某些主張我是理解的，但很多地方，我不贊同他的手法，所以和他進行了一場還算是激烈的辯論。

## 一、台灣和中國談判，不可能占到任何便宜

關於國民黨提出的「台灣不應該刺激中國，而應該和中國談判」的這種主張，我的看法是，人為刀俎，我為魚肉。在這種「你是大灰狼，我是小綿羊」的情況下，台灣去和中國談判，不可能占到任何便宜。

中國是個把「解放台灣、統一祖國」當成歷史使命的國家。從毛澤東到習近平，從來沒有一刻放棄統一台灣。一直沒有打過來的原因，就是因為美國的存在。這才是真正的邏輯。台灣這個小綿羊每天考慮不去刺激大灰狼的這種邏輯，是不存在的，也是不正確的。

中國近代歷史上，第一次國共合作、第二次國共合作，國民黨每次都被騙，最後輸得只剩下內褲跑到台灣來。為什麼國民黨至今沒有吸取教訓呢？

台灣人一定要認識共產黨的本質。一九四五年，當共產黨本錢不多的時候，毛澤東就飛到重慶，和國民黨談判，說他們要和平、要民主，要組成聯合政府。但是當共產黨有實力的時候，他們就百萬雄獅過大江，「宜將剩勇追窮寇，不可估名學霸王」，

絕對不給你任何喘息的餘地。

我認為中國國民黨和中國共產黨在歷史上是有血海深仇的。在中國被殺死的國民黨人，沒有上百萬也有幾十萬。今天國民黨的任務是，他們應該告訴台灣人民，共產黨不可相信。中共這種獨裁政權的本質，是可以隨時把台灣變成新疆、變成香港的。這種事情，國民黨慘痛切身，而民進黨反而沒有和共產黨打過交道的歷史經驗。

國民黨固然還在說自己的理想是統一中國，但是小綿羊要和大灰狼透過談判來達到這個理想，根本是不可能的。只能是被吃掉而已。

## 二、國民黨和美國

朱立倫主席講對美關係是重中之重，兩岸關係也是重中之重，目的是穩住台海情勢的意思，因此只能兩邊周旋。但我認為這種觀點實際上站不住腳。

因為台灣的定海神針就是美國。從歷史上看是如此，今天看依舊如此。國民黨和美國的關係，即便是在兩蔣時代，都是不管受到多大委屈也跟著美國走的，只有這樣

才能保證台灣的安全。

但是從尼克森之後，隨著美國開始和中國越靠越近、發表《上海公報》，國民黨也因此跟著和中國接近了。這時的國民黨實際上還是跟著美國走的，然而川普之後的美國，發現尼克森路線已經走不通了，於是變成開始全面圍剿中國。這時，台灣的國民黨該怎麼辦呢？照理來說，國民黨應該跟著美國一起轉變才對。因為台灣根本沒有左右逢源、夾在兩個大國之間玩大國外交遊戲的本錢。但是這時，我發現國民黨的論述是親美友中，沒有跟著美國走。

和中國接觸明明應該是一種戰術上的手段，但國民黨卻把它當成一個戰略的方向。

中國現在對新疆、香港的作為，全世界都看得一清二楚，都對中國這種迫害人權的行為發出抗議。但是這個時候，國民黨提出要「求同尊異」，所以國民黨是尊重中國對人權的壓迫這個「異」嗎？大家是不是會覺得它沒有跟上時代？反正國民黨給我的是這麼一個印象。

## 三、國民黨的紅統包袱

國民黨主張，因為台灣比較小，所以政策應該是不反美，也不反中。台灣既然不可能跟美國和中國都兩面討好，就要跟美國和中國周旋，目的是穩住台海情勢，而不是說國民黨聽中共的指揮。如果現在去反中，無疑是火上澆油。

這當然是國民黨內部比較理性的聲音。然而現實的情況是，國民黨已經是沒有理念和長遠願景的政黨了；每個想選總統的人都在算計，都在想如何做對自己最有利，結果是每個人都是機關算盡太聰明。大家各自為政，一盤散沙，沒有人有辦法帶著很多人把餅做大。

國民黨執政的縣市長也是如此思考。黨中央叫我做這個，如果對我有好處就做，沒好處就不做。所以黨主席變成弱主，根本叫不動人。

當然，台灣的兩大政黨，國民黨和民進黨，各有各的包袱。民進黨的包袱是台獨基本教義派，國民黨的包袱是紅統派。基本教義派的人，凡事提到中國就絕對不能接受，而紅統派的人，則是認為民進黨做什麼都是錯的。雙方都活在自己的同溫層裡，

在台灣內部不可能得到更大的共識，更不可能被國際社會所接受。當然他們各自的主張，與作為長遠的願景是另外一回事。

民進黨處理的比較好的是，蔡英文用非常巧妙的手段，基本上把台獨基本教義派壓下去了。而國民黨自從張亞中參選黨主席之後，就有點被紅統派綁架的感覺，包袱越背越重，在這條路上一直糾纏不清。

## 四、國民黨的動機值得懷疑

根據我長年的觀察，台灣的政治生態非常糟糕。因為它是一個國際的孤兒，很多應有的權利它沒享有，因此它本來應該盡的義務也沒有盡到。

民進黨作為在野黨時，他們也反美豬、反美牛，反對的聲浪之大、動員之強，明顯並不輸給國民黨。就是這種互相扯後腿的情況，讓台灣一直不能進步。這種惡質的選舉文化，國民黨和民進黨雙方都有很大的責任。

但國際情勢已經發生了改變，所以目前國民黨對於執政黨政策的質疑，就讓人懷

疑它的動機是不是有問題。

因為美豬的問題牽涉的是和美國的自由貿易協定，日本食品的問題直接關係到台灣參加ＣＰＴＰＰ（跨太平洋夥伴全面進步協定）。國民黨反對這兩點，會讓大家合理懷疑你是不想讓台灣國際化，不想讓台灣走入國際社會。而在邏輯上，更會懷疑國民黨是不是背後受到了北京的指示。

民進黨的內政和經濟搞得並不是很好，這是國民黨本來可以發揮其優勢的地方。比如針對疫情而發的振興五倍券，國民黨完全可以跳出來說，我不要五千塊，我要一萬五千塊。但是國民黨並沒有這樣做，反而是去打擊高端疫苗這種戰略資源，是去反美豬和抵制日本東北地區的食品。而且抗爭的方式，比如說在國會上亂丟內臟，也讓全世界看笑話。美豬的背後是台美關係，日本食品背後是台日關係。國民黨去抗爭的，都是台灣國際化之路大是大非的問題。

至於國民黨使盡全黨洪荒之力罷免陳柏惟，雖然獲得了成功，但我作為一個外媒記者觀察，卻是不以為然。我認為把他罷免掉，並不能夠讓台灣社會有更大的進步，反而再次造成了撕裂。其實在一百多個國會議員當中，有一兩個議員持少數意見，代

表不同的立場，在民主國家是非常正常的事情。因此我認為，國民黨應該發揮自己的專長，在民眾更需要的地方進行抗爭，這樣給人留下的印象會更好一些。

# 19／國民黨的黨意為何與台灣民意脫節？

我到台灣來沒多久，就常常感受到國民黨的黨意和台灣的民意嚴重脫節。為何如此？我覺得其中一個原因，是國民黨的中央委員制度。

國民黨的中常委，採用的是列寧式政黨的民主集中制，這種制度很適合獨裁政權。中國共產黨也明顯是這種制度。它有很多黨職，比如你是負責宣傳的，或者是國有企業的老總，就讓你當個中央委員或中央候補委員，讓你擁有黨內的身分。此外，這種金字塔型的權力結構也是更方便控制的一種結構。

相比之下，我們從來沒有聽說過美國共和黨的中央委員是誰。日本自民黨也是，它也沒有中央委員。

日本自民黨選總裁，是該黨的四百多名國會議員，每人一票，而國會議員是經過民意驗證的。此外，自民黨在全國還有一百三十三萬黨員，他們也參與投票，並把投出的票數按照四百多個國會議員的比例分配，兩邊加總在一起，這樣選出的黨總裁既反映了普遍的黨員意見，也反映了國會議員所代表的民意。

自民黨的總裁可以任命所有的幹部，直到下一次選舉失敗後，總裁及任命的幹部才下台換人。一般的民主國家都採用這種方式。國會議員就代表了部分權重比較大的中央委員，我覺得這是比較簡單合理的方法。

而國民黨的中央委員制度，是在黨內安排一群沒有經過民意檢驗的人指手劃腳。這些委員最大的目的是保障自己的權力，所以這種政黨一定非常保守。平心而論，今日的國民黨的黨內民意，和台灣主流民意，似乎越離越遠。這是國民黨一個相當嚴重的問題。

我認為國民黨的這種情況在二〇〇〇年連戰選舉輸了以後更嚴重。他輸不起，於是賭一把去中國取暖，而那時候正好是中國蒸蒸日上、看起來很和善的胡錦濤時代。國民黨就和共產黨就好上了，批評民進黨閉關自守，不打開國門，台灣經濟會落後。

但打個比喻，這就好像結婚以後才發現共產黨是渣男，然後國民黨就被共產黨綁架了。為什麼？因為國民黨沒錢，黨產被沒收了，卻還支撐著一個基本上是全世界最龐大的政黨開銷。它每個月賺五萬、花二十萬，別的政黨在這種情況下兩個月就破產了。但是國民黨為何可以堅持這麼長時間？就是因為中國有源源不斷的錢，透過台商輸血過來。

中共讓台商在中國賺了錢之後，再讓台商捐款給國民黨，台商就變成國民黨中常委，所以國民黨中常委就像台商聯盟一樣。這就叫拿人家的手短，吃人家的嘴軟。

據說國民黨的黨主席每個月都要籌三千萬，養他龐大的行政官僚體系。但是他沒能力還錢。台商對國民黨的支持就變相是向中共交稅。變成這種情況後，國民黨就有如「鬼上身」了，再也無法控制自己的手腳。

最明顯的例子就是，不分區立委選舉，吳斯懷在國民黨提名名單排第四名，但全台灣都要求下架吳斯懷。對這種和台灣大多數民意相悖的票房毒藥，國民黨最好的做法就是給一個黨職，你不要出來選。但國民黨最後卻把票房毒藥列進不分區，為什麼？因為這是北京的意思。

就是這樣的邏輯。北京叫你放進去，你不敢不放進去。所以國民黨的路線，從連戰開始，到了馬英九時定位叫做九二共識路線。朱立倫本來叫做正常倫，他想校正一下，但是現在卻被深藍的趙少康綁架。身不由己，讓你表演吞劍就只好表演吞劍，國民黨和台灣的民意就會因此越來越遠。

## 20／連炒作民族主義都不會

在二〇二一年七月，日本給台灣捐贈疫苗的期間，國民黨卻非常不合時宜地辦了一場七七抗戰的紀念活動。國民黨選擇在台灣整體上感謝日本的氛圍下宣傳抗戰，就顯示它和台灣的整體民意越來越遠。

在國民黨的宣傳活動中，抗日軍裝一件賣一萬三千八百塊台幣，是紀念抗戰之中死亡的國軍將士一百三十八萬人。我認為這是賺死人的錢，非常不妥。祭典的時候，如果點一百三十八柱香，或者捐款一萬三千八百塊台幣，這都可以理解，但你賣衣服，就讓人覺得是在炒作仇恨。

國民黨現在連炒作民族主義都不會炒作了。它在台灣炒作民族主義，結果把台灣

人的民族主義炒作起來，確認了自己果然是外來政權。

國民黨一開始的三民主義就是炒作民族主義的。中華民族就是國民黨發明的。操作民族主義的極限是，民族主義只有在外敵入侵的時候才能發揮力量。比如說中日戰爭的時候，炒作民族主義是有效的，但變成國共內戰的時候，你的民族主義馬上就沒有號召力了。

當年的共產黨是炒作階級鬥爭。鼓動仇富，是把有錢人全部幹掉，宣傳說會讓所有的勞苦大眾翻身做主人。這種仇恨的炒作比民族主義有效得多。今天，習近平也開始炒作民族主義，拾的是國民黨的牙慧。說中華民族是最偉大的，中華民族也是最委屈的，是最危險的。在民族主義上，國民黨和共產黨的論述基本上一樣。

蔣介石剛來台灣的時候，他帶的三民主義統一中國的理念，其實就已經不符合台灣的歷史和現實了。但現在國民黨大會的時候，江啟臣或朱立倫一上台還是先唸總理遺囑。現在早已時過境遷，但國民黨還在背這種歷史包袱。

# 21／民眾黨接收藍營潰兵

我覺得柯文哲是很聰明的人。現在討厭柯文哲的人，大部分其實就是當年綠營裡支持他的人，因為覺得他背叛了民進黨。

他出身墨綠，作為二二八的政治家屬、陳水扁的主治醫生、以替陳水扁鳴不平開始崛起於政壇。他以無黨籍的身分參選台北市長，得到民進黨的全面支持。他當選之後，如果加入民進黨的話，現在可能就沒有賴清德的位置了。

但是因為柯文哲想當總統，所以始終跟民進黨保持距離，加上國民黨的路線越走越窄，他也知道自己只能走中間路線。不過，他一開始的兵是向民進黨借來的，二〇二四年選總統的時候，這些兵是要還的。支持他的民進黨人都歸隊後，他就變成光桿

司令了。他自己的白軍太少，所以只能去挖藍軍的地盤。

如果要挖藍軍，就要天天開記者會罵民進黨。柯文哲比國民黨會罵人、會製造議題，可以打到民進黨的痛點，所以柯文哲的聲量比較大。

柯文哲占到了一個便宜，和國民黨在台灣所擁有的媒體話語權和黨實際掌握的力量不成比例有關。國民黨在台灣大約有百分之二十的支持率，但卻掌握了台灣至少一半的媒體話語權。因為國民黨太笨，最擅長把一手好牌打壞，所以泛藍媒體為了反對、批評執政黨而釋放出的一個很大的空間，給柯文哲發聲，可以說是藍系媒體幫助柯文哲開疆拓土。

柯文哲雖然是「遍地撿桃子」，但因為支持他的是藍系媒體，所以他的兩岸政策就只能比較模糊，不能和中國對立。

但柯文哲基本上對中國是沒概念的。我覺得他談的中國，跟我在東京看到日本的那些國會議員所談的中國差不多。為什麼？國民黨有些人認為自己是中國人，但是柯文哲對中國而言，就是一個外國人，和日本的國會議員一樣是不懂中國的外國人。

柯文哲舉辦台北上海雙城論壇，就是要拉攏藍營潰兵的旗號。在目前的政治運籌

帷幄中，柯文哲所做的一切都是對他自己有利的，對台灣是否有利，還不好說，還有待我們今後繼續觀察下去。

# 第三章

# 說說台灣政治・III

——現在的台灣，必須捍衛本土價值

# 22／保家衛國怎麼會是刺激中共

今天上午（二〇二三年一月七日）我受國防部之邀到基隆港，採訪了春節加強戰備中的海軍一三一艦隊，登上了首次向媒體公開的「塔江艦」，見到了每分鐘可以發射四千五百發炮彈的方陣快炮，也看到了雄風二型、雄風三型反艦飛彈的彈倉。

作為媒體人，雖然以前多次在文章中讀過、甚至寫過這些武器的名稱，但實際看到，還是有一種被震撼到的感覺。同時，我還乘坐軍艦出海，在海浪飄搖中攝影，體驗了一下暈船的感覺。

中華民國海軍司令部表示，全體海軍官兵將秉持犧牲奉獻、同舟共濟的忠義軍風，確保國家安全及永續。

採訪中，我看到了海軍將士的高昂士氣。比較印象深刻的是，和別的國家的軍隊比起來，台灣女兵占的比例偏高，大概有四分之一到三分之一的樣子，可以說是可憂可喜的現象。憂的是男生兵員不足，喜的是女性的社會參與程度高，男女同權的概念滲透廣泛。今後，在使用高科技的現代戰爭中，依賴蠻力的機會越來越少，台灣或許已經領先世界潮流了。

今天來了很多的外國記者，台灣海峽的安全是國際社會最大的關心事項。防守方積極展示武器和士氣，可以構成對敵人的威懾效果，具有促進和平的意義。希望之後能有更多的機會，採訪台灣的國防前線。

但是台灣的執政黨內部，也存在一種擔心刺激中國的聲音。前不久，民進黨有辦過一次兵推營（第四屆「亞洲民主保衛戰 第四屆兩岸情勢兵推營」），讓一群年輕人講各種中共來了怎麼應對。其中一項內容是到北投的靶場打靶，我覺得這是很好的新聞點，因為台灣的年輕人學會開槍非常重要，所以提出採訪。但是民進黨堅決不讓，因為擔心刺激中國。

我認為這件事情應該讓全世界都知道才對。到底什麼是保衛自己，什麼是刺激中

國，很多人都搞混了。台灣社會其實有非常強烈的、不敢刺激中國的想法。如果台灣戰機跑到中南海上空繞一繞，那就是刺激中國，已經是開戰了，全世界都會反對；但是保護自己的家鄉，怎麼叫做「刺激中國」呢？

實際上，現在全世界的媒體就希望看到台灣人自己出來保家衛國。各個媒體若要給台灣加油打氣，首先台灣人就要先自己防衛自己。美國不會為一個「不為自己而戰的國家」而戰的。大家關心的是，除了安倍晉三、美國的參謀總長或印太司令怎麼談保護台灣以外，台灣人自己對於緊張局勢的發生有什麼反應？

我認為，台灣自己展現保家衛國的決心非常重要。一件事情究竟是保家衛國，還是刺激中共，這個標準，我想台灣人自己要先弄清楚。

這件事也讓我覺得台灣在國防方面有很多想法蠻奇怪的，且制度老舊過時。比如現在台灣的防空識別區，是一九五二年蔣介石制定的，但現在還在用。其中的最西北角一直跨到中國江西省，這是不是刺激中共呢？換句話說，從中國江西到上海的飛機一起飛，就進入台灣的識別區了，可是人家根本沒想威脅台灣。這讓識別區變得完全沒有意義。我認為，防空識別區一定要重劃，否則的話，台灣跟國際社會也說不清。

# 23／台灣的軍人形象為何不好？

烏克蘭戰爭開打（二〇二二年二月二十四日），引發台灣再度恢復徵兵制的討論，我認為是好事情。但目前，不管民進黨還是國民黨，都不大敢提徵兵制。

任何一個民主國家，軍人的形象問題都不應該是負面的。台灣的軍人形象一向不好，我認為有兩個原因。

第一個原因，在於藍綠交替。過去在台灣，是國民黨作為外來政權安排徵兵，目的是反攻大陸。如此一來，本土的台灣人對徵兵自然是很反對的，民進黨執政以後也是這番邏輯。後來，從連戰訪問北京以後，國民黨就漸漸地從反共變成親共，而到了民進黨執政的現在，換民進黨提出要保家衛國的時候，就好像突然換概念，大家還沒

適應過來。

第二個原因則在於，台灣當時廢除徵兵的時候，趕上的是中共歷史上最溫和的一段時間。那時候兩岸和平發展，中國對台灣也沒有太明顯的敵意。直到習近平上台之後，時空背景就又改變了。

總之，在這兩種要素湊在一起的時候，突然之間，軍人就變壞蛋了。當整個社會瀰漫著反軍的氛圍，軍人和軍事法庭就更讓給人一種冷血、不透明的負面形象。多年來，民進黨是用悲情來訴求，講軍警殺人，導致軍人形象變得很差。相較之下，國民黨多年來辛辛苦苦維持軍隊的形象，但後來跟中共交好，態度就變了，所以也任媒體無限放大軍人問題。

現在，民進黨想恢復軍人的形象，就變得很辛苦了，是一項很漫長的工作。另一方面，任何民主政權要在沒有戰爭的情況下把募兵改回徵兵，也需要面對極高的政治成本。

# 24／在宣傳軍方上，也許可以考慮高調一點

為了了解中國的民情，最近經常收聽中國的網路電台平台「蜻蜓FM」的時政評論節目。俄烏戰爭開始之後，有一個叫「觀棋有語」的節目非常火，在APP上每集都有四、五百萬的點擊率。

這是由兩、三個中國的國際政治問題專家和軍事專家，以聊天的形式介紹最新國際形勢的節目。說的當然都是中國官方的觀點，幾乎天天在批評美國和烏克蘭的澤倫斯基，同時替俄羅斯和普丁說話。

幾天前的節目，忽然談到了武統台灣問題，內容頗耐人尋味。一位專家說：「我們要渡過台灣海峽雖然有一定難度，但台軍的抵抗能力和烏克蘭軍隊比起來大大不

如。畢竟烏軍是蘇聯訓練出來的。我聽說台灣國軍的坦克車有百分之三十是開不動的，因為沒有人。」

另外一位專家馬上附和道：「聽說每當我們這邊有軍事動作的時候，台灣的國軍大概有三分之一會當逃兵。所以一般這種時候，台灣的國軍晚上就不會點名。大家心照不宣，等第二天風平浪靜了，大家陸續回來，吃晚飯之前才點一次名。」

他們還說：「這還是以前的國軍，最近這幾年被民進黨糟蹋以後，實力應該更弱了。」

這兩位專家，一個是資深媒體人席亞洲，另外一個是化名「蘇師傅」的一位曾任職國家安全系統的評論員。這兩位對國際問題都相當了解，在中國的軍事迷當中都很有影響力。

這兩年我在台灣曾多次採訪國軍，自然知道他們說的不是實情。但是，他們為什麼要這麼說呢？是被經常跑中國的統派藍營人士的「失敗主義」欺騙了呢？還是故意在中國國內進行大內宣呢？

不管怎麼說，我覺得台灣應該提高警惕。

很多證據表明，這一次俄羅斯攻打烏克蘭，大部分俄國士兵是被騙上戰場的。因為他們相信了俄羅斯的大內宣，認為烏克蘭軍士氣低落、不堪一擊，同時也認為，烏克蘭人民飽受納粹統治之苦，期待俄羅斯軍隊前來解放他們。有的士兵甚至幻想，烏克蘭人民會拿著鮮花來迎接自己。

打開中國的網路，誇大形容台灣國軍士氣低落、不堪一擊的文章比比皆是。甚至還有一些專門分析台灣「逃兵文化」的文章，應該都是大內宣的作品。任何軍隊當然都有逃兵，但據我了解，台灣國軍的逃兵率要遠遠小於中共解放軍。

台灣政府這些年一直低調，為了不刺激對岸，盡量不宣傳、少宣傳軍方的活動。但實力被敵人低估，也有可能變成誘發戰爭的原因，也許可以考慮高調一點。

# 25／建議在高中重新規劃軍訓課

這次的烏克蘭戰爭，我覺得可以給台灣提供些參考。烏克蘭其實有很多軍隊，是當地的國民兵，所以這次俄軍來了之後，這些國民兵大部分是在家鄉進行防衛。因為很熟當地環境，他們就在坦克爬坡的時候，躲在後面往坦克的屁股打，或是站在橋上，從上往下打坦克。因為他們太熟地理環境了，所以在這個點沒攻擊到，馬上就跑下一個點去攻防。

坦克雖然很厲害，但是需要燃料，所以後頭一定有補給的卡車跟隨。烏克蘭人就等坦克開過，去攻擊補給卡車，卡車都是油，所以一打就著。如此一來，沒有油的坦克就變成廢鐵。坦克兵因為害怕而逃走後，烏克蘭人就拿著油來加，自己把坦克開走

了。

我看到這些報導，想到的是台灣跟烏克蘭一樣，都沒有對外擴張野心，但都面臨外部威脅。台灣現在已經廢除了徵兵制，人類歷史上在沒有戰爭的情況下恢復徵兵制，是幾乎不可能的事情，因為沒有人想當兵（這尤其是中華傳統的特色）。因此台灣發展國民兵，專於本土防衛是非常重要的。比方說，如果你住在新北市，你就負責防守新北市的某一塊區域。

透過烏克蘭戰爭，我們不可以只思考美國會不會來。在民主國家，美軍會不會來取決於美國國內的民意。最初，美國民調關於支持出兵烏克蘭的只有百分之二十五，在有百分之七十五反對的情況下，拜登總統是下不了出兵的決斷的。但是隨著戰爭的殘酷進行，抵抗者的英勇故事隨著媒體擴散，美國的民意也逐漸發生變化。這時美國領導人的決策也因之而改變。

台灣需要抵抗一段時間。不能像阿富汗一樣，總統先坐飛機跑了，幾十萬國軍飛灰湮滅，而應該像烏克蘭總統一樣勇敢帶領大家抵抗。這時全世界的各種支援才會紛紛到來。

因應中共對台軍事威脅，蔡英文政府啟動後備戰力改革，以前的教召訓練只有五至七天，現在開始試辦為期十四天的新制教召，我認為這是好的開始。

另外，對台灣現狀而言，我認為在高中重新規劃軍訓課，說不定是個辦法。比如說，讓學生練習開槍打靶，若打靶成績好的話，大學聯考可以加分。這樣的話將來發生類似烏克蘭的戰爭，一發配武器就可以派上用場。

有些人認為，教官代表威權，應該退出學校，但我認為時代改變了，讓軍人在高中進行軍訓，可以提高大家的體能，也可以培養大家保家衛國的意識。

另外有個問題，也值得在這邊提一下。台灣人每次談到徵兵或募兵的問題，都會講到以色列全民皆兵這件事，然後話題就不了了之。但我認為這就屬於躲避話題的一種技巧，在這裡也供大家參考。

# 26／二〇二七年攻打台灣，大家聽聽就好

中國鷹派學者金燦榮日前（二〇二二年二月一日）接受《日經亞洲評論》的採訪時表示，中國將在二〇二七年之前使用武力實現中國大陸與台灣的統一，而且解放軍在應對台灣緊急事態時的軍力部署，已經比美軍更占優勢，說明中國已經具備在一週內統一台灣的能力。

有一些朋友比較擔心，希望我談一下看法。我在北京時也曾和金教授打過交道。金教授是北京人民大學國際關係學院副院長、教授，是一個國際關係學者，但他的發言很多不是學術性的，更多是在迎合民族主義。

金教授在中國的網上有一個外號，叫「金政委」，全稱是「中國戰略忽悠局政治

委員」。「忽悠」是中國東北的方言，泛指透過誇誇其談，讓人陷於一種飄飄忽忽、神志不清、基本喪失判斷力的狀態。

因為金教授經常貌似代表官方對一些國際事務發表看法，事後又被證明完全不靠譜，因此得名。

金教授的專業是美國政治，但中國會不會武攻台灣、能不能在一週以內占領台灣，取決於雙方的軍事實力和中南海高層的綜合判斷，決不是一個研究美國問題的學者的專業。

即使中共高層有一個二〇二七年攻打台灣的計畫，那也應該是絕密中的絕密，不可能由一個外圍學者隨便說出來。

金教授在幾年前的美中貿易大戰，預測川普政權的行動，也基本上沒有猜對過。他曾多次呼籲中國對美國發動「稀土戰爭」，但習近平政權絲毫沒有動作，可見他對中國政府的影響力也是有限的。

金教授自己也曾經在演講中說過：「我們搞人文社科的，在總結歷史和放馬後炮上還可以，但在預測未來上，準確度只能說比算命好一點點。」二〇二一年七月鄭州

發大水時，金教授曾經分析說，是美國對中國使用氣象武器，一時被傳為笑柄。

所以他說的二〇二七年攻打台灣，大家聽聽就好，當茶餘飯後談資，不必認真。

不過我覺得，當全世界越說中國可能打台灣，中國真的打台灣的可能性反而越小。但我們今天繼續呼籲台灣的處境很危險，這件事很重要。比如《經濟學人》曾以「台灣是世界上最危險的地方」為題刊出封面故事，就是一件好事。

# 27／罷免案的背後是本土價值問題

今天（二〇二一年十月二十三日）在台中的陳柏惟罷免案投票，是一場台灣本土價值的保衛戰。很遺憾！台中第二選區的選民，也許是沒有意識到這場罷免選舉的重要性，這場戰役輸掉了。

我想給陳柏惟一段勉勵的話：

一九九八年，政績斐然的台北市長陳水扁競選連任失敗，但是他在兩年後當選了總統。陳柏惟也一樣，已經成為了悲劇的英雄，所以下次遇到他，我會鼓勵他出來參選台中市長，保衛台灣本土價值、奮鬥不息！

同時，我預料，台灣安全保障的最後一道防線，將會出現一個巨大的破口。今天

上午我出席了一場有關中國少數民族問題的研討會，討論了中國的人權和民主化問題，並提出台灣安全保障其實有三條防線。

第一條防線在北京。只有中國實現了言論自由和民主選舉，台灣才能夠真正安全。所以台灣人民應該更加積極地幫助推動中國的民主化。

第二條防線在台灣海峽。現在不僅有國軍在枕戈待旦，還有美國、加拿大、英國的軍艦來支援。此外，一旦台海有衝突，日本也絕不會坐視不管。

而第三條防線、也是最後一道防線，是在台灣內部。如何防止中國的滲透，如何保衛台灣的本土價值，對台灣而言非常重要。

今天在台中的罷免投票，就是一場台灣本土價值的保衛戰，具有指標性的意義。

或許陳柏惟有這樣那樣的缺點，有很多地方做得也不夠好。但是他在國會的出席率是百分之百，不可否認是一個認真做事的立委。我想不出在疫情剛剛趨緩、百廢待興的時候，罷免一個小黨的、認真做事的立委，對改善台灣的民生、對提高台灣的國際地位、對台灣的進步有任何幫助。這場罷免，反而會助長人民內部的對立，製造仇恨，分化社會。

如果大家熟悉中共對台滲透分化伎倆的話，就不難看出對陳柏惟一連串的惡毒攻擊，絕不是針對他個人，而是來自中國霸權對台灣本土價值的攻擊。

依據我的觀察，下一個戰場將轉移到台北萬華。台灣已經沒有本錢再輸了。

# 28／選罷法的濫用有百害而無一利

今天我想就選罷法的問題來跟大家聊一聊。我認為，選罷法的濫用，對台灣的民主發展確實是百害無一利的。

比方說，前桃園市議員王浩宇在二〇二一年被罷免，當時的同意罷免票有八萬票。不過，他在二〇一八年是以一萬六千多票當選的。這代表的意義是什麼？

以目前的規定來說，只要有效的同意票數多於不同意票數，並且同意票數多於原選區選舉人總數的四分之一，罷免案就通過了。也就是說，如果今天有一百萬張選票，那只要有二十五萬張同意票就行了。

假設同一個選區有八個人可以當選議員，而且只要兩萬票就能當選，而另外七個

人都跟我屬於不同政黨。在這樣的狀況下，我要被罷免掉是很容易的。只要這七人聯手，那麼我就會被罷免掉。但一旦如此，那兩萬多支持我的民意，也就跟著不見了。這會進入一種無限循環。如果在同一個選區，我永遠有兩萬多名支持者，那麼四年、八年之後，我還是很可能再當選，然後很可能又因為其他原因而被成功罷免掉。縣市議員是各選區裡面部分民意的代表人，如果把少數意見的代言人都罷免掉的話，我認為這並不是真正的民主。

所以，當我聽到國民黨的朱立倫主席就無黨籍的林昶佐立委罷免案一事，以「動輒用抗中保台來質問我們，一定會被罷免」的言論來談，個人頗感詫異。

抗中保台，不僅僅是台灣自己的事，也已成為了全世界民主國家的共同訴求。從國際情勢來看，中國多次派遣數百架軍機繞台、用武力威脅台灣。與此同時，各國媒體都以巨大篇幅報導，全世界紛紛關心台灣安危。英國、美國、加拿大都派軍艦穿越台灣海峽，向中國施壓。美國的拜登總統在媒體上公開承諾捍衛台灣。日本的岸信夫防衛相表示，絕不接受中國用武力片面改變台海現狀。捷克參議院長的韋德奇議長則說，支持台灣是他們的義務。

然而對中國的霸凌行為一向少有批評的台灣最大在野黨中國國民黨，到底有沒有抗中保台的決心？不僅僅是林昶佐委員，這也是很多外國政要關心的事情。面對質疑，不去說明，反之還要去罷免對方，這種「不去解決問題，直接解決提出問題的人」的行為，出現在一個民主社會，可謂相當突兀。

林委員不僅堅持台灣本土價值，也是「國會西藏連線」的會長，長年活躍在抗中保台的第一線。不久前，我和林委員同時出席了一場有關西藏人權等問題的研討會，該研討會被部分親中人士不斷干擾、影響評論秩序。如果繼台派的陳柏惟委員之後，林委員也遭罷免，就等同台灣向世界傳遞出「不再抗中保台」的訊息。我擔心世界各國挺台的聲浪有可能因此變小。台灣危矣。

# 29／仇恨動員終於可以停止了

今天（二〇二二年一月九日）進行的兩場投票，對台灣未來意義重大。台北市中正、萬華區的林昶佐委員的罷免案未達門檻，台中第二選區的立委補選方面，民進黨的林靜儀醫師當選，已經基本確定。我認為，這個結果象徵著台灣的民主得到了深化，社會比以往更加進步。

首先，雙林雙贏，對終結最近的政治亂象具有積極的意義。去年十月的陳柏惟罷免案、十二月的四大公投，以及今天的兩場投票，都是由在野黨的政治操作引發的，不但浪費了巨大的社會資源，對台灣的防疫、外交、社會進步、民生改善毫無積極意義。

如果這一次在野黨勝利的話，可以想像，他們會繼續不停地提出罷免案和公投案，仇恨動員將會無休止地重複下去，台灣的社會將一次再一次地被撕裂。

順便提一句，在日本，擁有行政資源的地方首長可以被罷免，但是國會議員是不能被罷免的。民主的根本是少數服從多數，但同時需要尊重少數意見。如果少數政黨的國會議員紛紛被多數政黨的支持者罷免的話，非主流的意見將不能在國會殿堂發聲，這對民主絕對是一個傷害。

公投案和罷免案的門檻過低，也是原因之一，執政黨對此也有一定的責任。這次勝利之後，台灣或許已經到了考慮修改法律的時候了。

再有，李登輝前總統主導的民主化，被稱為寧靜革命，但其實並不全然完美，特別是黑金勢力參政的現象，在李登輝時代被放大。後來，隨著民主化的進程，雖然有所改善，但依然沒有杜絕。這是台灣民主的一大瑕疵。

這一次立委補選中，在野黨的候選人的各種醜聞被媒體曝光，受到了輿論的嚴厲檢驗，而當事人又不能做出合理、完整的解釋。所以雖然在地深耕多年，但還是沒有得到過半選民的支持。這個結果，從改善台灣選舉文化的角度看來，或許具有里程碑

式的意義。

林昶佐委員和林靜儀醫師都是主張抗中保台的本土派政治人物，他們兩位的勝利，向國際社會再次顯示了台灣主流社會的聲音，對台灣今後尋求歐美日等國際社會支持，也具有重要的意義。

# 30／公投問題應該交給菁英

今天想和大家聊一聊台灣的公投。二〇二一年十二月十八日，台灣舉行四大公民投票。我覺得台灣是一個高度民主的國家，民眾對政治的參加熱情也很高，是日本應該學習的。但是，台灣也有很多地方，因為過於強調民意，使一些公共政策被民眾對特定政黨或政治人物的好惡等情緒所綁架，讓人感到遺憾。

台灣的公投很多。如果詢問是否贊成死刑、是否贊成同婚等，有關人生觀和價值觀的問題，辦公投對立法有一定的參考價值。但是，用公投來詢問該不該利用核能發電、要不要建設天然氣接收站等，這些需要擁有高度專業知識才能判斷的問題，個人認為並不很合適。

大多數民眾每天忙於生計，期待大家花時間和精力去研究正反兩方的專業論文後做出全面的判斷是不現實的。這些事情或許交給熟悉議題的政治菁英來判斷更好，如果覺得他們做得不好，那麼下次選舉可以用選票把他們換下來。

另外，台灣公投的設問經常具有高度的誘導性，也是一個嚴重的問題。比如說，三年前的公投問題把符合科學檢驗標準的日本災區食品稱做「核食」。這一次公投，詢問對天然氣接收站的建設意見時，用「珍愛藻礁」這樣一個含有政治正確誘導性的用語，明顯是不公平的。

日本的媒體在做民調時，一般是不會使用具有誘導性的詞語，因為那會嚴重影響結果。在台灣，我看到決定重大公共政策的公民投票中，竟然對此毫不避諱，令人瞠目。比如「核食」這個詞已經不僅僅是充滿偏見，而是完全錯誤的。

其實公投問題跟台灣特殊的歷史發展有關。民進黨最初之所以講公投，是為了台獨，是想向國際社會證明，我們台灣有一半人是想獨立的，希望把這個聲音傳達出去。但後來，國際政治的發展、中國威脅等各方面影響出來以後，統獨問題就不能被列入公投了。所以現在做的公投，其實已經脫離了公投最初開辦的本意。

所以說，我覺得大部分公投，真的就該交給菁英來判斷。

最後，談一下公投綁大選。我認為這是一種完全對在野黨有利、而對執政黨不利的投票方式。在野黨為了推翻執政黨，可以利用亂槍打鳥的方式，對所有政策發起一連串的公投，把社會上的所有不滿情緒都調動起來影響大選。

政權交替在民主國家是常態，但有利於國家和社會進步的政策法律，被公投一個個否定，絕不是民眾之福。

現在的公投法，其問題在於，很多重要的議題不能公投，如此一來公投法就沒有意義。舉個例子說，用公投決定公投要不要綁大選，這其實是沒什麼意義的事情。我認為這件事就應該交給選舉委員會這個行政部門來下判斷。

有人問我，公投法會不會修法？我想暫時是不會的。也許將來時機成熟，台灣真的要走台灣獨立的道路，那或許就會修法了。

# 31／四大公投證明台灣不是國際巨嬰

四大公投的結果已漸漸明朗，包括反萊豬在內的四個議題，都是「不同意」的結果，非常高興看到台灣民眾用理性戰勝了民粹，選擇站在國際社會這一邊。

這幾天，在街頭和網路上看到了很多年輕人和老人，都在積極呼籲大家站出來保衛台灣，令人非常感動。公投雖然結束，也給大家留下了一些值得反思的地方。

首先是媒體。比如說，到投票前一天為止，台灣所有的媒體做出的民調都不準確，完全誤導了讀者和觀眾。當然，這不僅僅是台灣的問題，美國和日本最近也有相同的傾向。公信力是媒體的生命線，問題到底出在哪裡？應該立刻改進。

其次，是在野黨。投入了巨大的精力、財力進行了一場師出無名的戰役，浪費了

大量的社會資源。台灣需要能夠幫助社會進步的在野黨，在紓困、振興經濟，以及產業升級等都很多地方，都需要在野黨的監督與提案。如果在野黨今後還在國家安全和發展方向等大是大非的問題上糾纏不清，終將會被台灣的選民唾棄。

同時，也想對執政黨提一點意見。萊豬進口這麼大的事情，在去年通過的前後，對國民的說明非常不充分，因為早期的草率而造成了眾多民眾的誤解，才造成了後來的艱難局面。經過這次，相信執政黨一定會吸取教訓。

不管怎樣，「四個不同意」的結果，證明台灣不是國際巨嬰，要向台灣表示祝賀，擋在面前的四塊大石頭，被大家齊心合力搬走了。台灣隊今天，為下一代開拓了一條通往國際的大路。台灣加油！

# 32／不贊同不在籍投票

最近關於「不在籍投票」是否應該推動的討論很熱烈。我也覺得這個問題很重要，想談一談我的看法。

日本多年來一直在推廣提前投票和不在籍投票，像我這樣身在台灣的日本人，也可以去日本台灣交流協會辦理海外投票手續，參加日本國內的選舉。

日本政府之所以這麼做，一個主要的動機是想提高投票率。因為這些年，日本國內各種選舉的投票率一直在下降，有的地方選舉甚至不到百分之三十；投票率太低，會影響政府和議會的權威性和公信力。

但我覺得，台灣和日本的情況不一樣，台灣民眾對政治的關心度極高，各種選舉

的投票率在民主國家中都名列前茅。我就認識有住在南美的台灣僑胞，轉機二十多個小時回台灣，只為了投上一票，這種例子在別的國家很少聽聞。

另外，台灣旁邊有一個龐大的敵人，每天都想用各種辦法介入台灣的選舉，達到其滲透的目的，所以，一旦選舉的投票方式放寬限制，就很可能給對岸造成可乘之機。台灣的對手不是一個想作弊的政治人物，而是一個完全沒有底線的世界第二大經濟體，其手段防不勝防。

另外必須注意的是，選舉方法一旦放寬之後，日後只會越來越寬，是幾乎不可逆的。舉個例子，多年前日本為了提高投票率，把投票時間延長到了晚上八點。結果，投票率沒怎麼回升，反而造成了選務人員的嚴重負擔，但是因為可能影響到一些上班族的投票方便性，想再改回去就很困難了。

另外，一旦放寬，就一定會有很多人提出新的權利主張，為了公平起見往往不得不一寬再寬。比如，為了照顧北漂的年輕人沒有錢回家，讓他們可以在台北投票參與公投。那麼一定會有人質問，同樣是行使政治權利，為什麼公投可以，但地方選舉不可以？

同樣，在台北的年輕人可以不用回南部投票，那麼住在巴西、阿根廷的選民為什麼非得要回台灣才能投票呢？要不要在海外設一個投票站？如果設了，那麼廈門、蘇州、南京是不是也要設一個？

二〇二〇年美國的總統大選，我們看到郵寄投票帶來的種種混亂。台灣也是一個族群撕裂的社會，藍綠雙方陣營互有強烈的不信任感，選舉投票方法放寬造成的混亂，很可能會比美國嚴重很多。不在籍投票或許是世界的潮流，但是在今天的台灣，在國家安全危機沒有解除之前，可能慎重一些比較穩妥。

# 33／從日本經驗看新竹縣市合併

最近（二〇二一年十二月下旬）新竹縣和新竹市合併的問題吵得很熱，不禁讓我想起二十年前在日本當地方記者時的一段往事。

當時日本中央政府為了提高行政效率、節省資源，鼓勵全國的各級地方政府（日本稱為「自治體」）自主合併，目標是把全國共三千兩百多個地方政府減少到一千個左右，稱之為「平成的大合併」。

如果在規定時間內完成合併，即給予獎勵；如果拒絕合併，人口達不到一定規模的話，就削減補助金，獎罰分明。於是，各地的「合併協議會」如雨後春筍一般紛紛湧現，我們記者也為了採訪疲於奔命。

我當時一個人負責的區域，涵蓋了埼玉縣北部二十多個地方政府，大概有五、六個「合併協議會」。印象深刻的是，很多地方為了爭奪主導權或保留自己的地名，吵得面紅耳赤。前一天還談得好好的，第二天就鬧翻，最後，大多是以有財力的地方政府吸收了周邊的城鎮而告終。

「平成的大合併」一九九五年立法、一九九九年開始、二〇一〇年完成。歷時十五年，最後把地方政府減少到了一千七百個左右，沒有達到預期目標，很多有歷史傳統的地名消失了。有一些偏遠地區的學校、醫院，因公務人員的減少不得不關閉，但是同時，很多地方政府因此而渡過了財政危機，行政效率提高了也是事實，可以說有利有弊。

從長遠來看，隨著交通和電訊越來越發達，加上少子高齡化，追求行政效率的提升是個大趨勢。我想，或許在不久的將來，日本可能還會有「令和的大合併」。

作為一個住在台灣的外媒記者，我有時也覺得台灣的行政級別過於複雜。桃園市、新竹市、南投市，雖然都叫「市」，但級別不同，和日本地方政府交流時可能會引起困惑。

另外，很多地方城市的捷運等公共建設，和其他的先進國家比起來發展緩慢，可能和地方政府過多，沒辦法集中資源辦大事有關。還有，過多的縣市長和議員選舉，雖然可以即時反應民意，卻也消耗過多的社會資源。

我認為，台灣的行政合併重組也是遲早的事情。但是地方政府合併是件大事，牽扯到行政資源的重新劃分，和每個人的生活都息息相關，需要地方政府間的細膩談判和一定時間的磨合，更需要中央政府拿出一個整體的規畫，告訴民眾十年之後、二十年之後，台灣的國家規畫要往哪一個方向發展。

一點淺見希望有助於大家的理性討論。

# 34／台灣的反對黨往往為反對而反對

觀察台灣的政治，我發現台灣缺乏忠誠的反對黨。對執政黨的政策，在野黨經常是持反對態度，但當自己是執政黨的時候，同樣的政策卻會往下執行，因為政策對台灣而言是必要的。今是昨非、昨是今非，這在台灣是非常明顯的。

但日本不是這樣的。我舉一個日本的例子。當年，日本的自民黨在當在野黨的時候，執政的民主黨推行消費稅增稅。沒有人喜歡增稅，尤其是買任何東西都要增稅的時候，討厭是人之常情。當時安倍晉三是自民黨總裁，他覺得國家必須要增稅，因此自民黨贊成增稅方案。當然，自民黨內部也有幾十位議員不同意，後來也投了棄權票。但總之，這才是忠誠的反對黨的作為。結果下一次選舉時，自民黨勝選，安倍做

了八年。

關於國民黨占領立法院，反對美牛這件事情，我去查台灣過去的國會攻防，發現台灣的反對黨往往為反對而反對。比如八年前民進黨是在野黨的時候，為了反對美牛進口，也和今天的國民黨一樣把立法院占領了，只是沒有滿地丟內臟而已。

我認為台灣人也慢慢理解了兩黨之間的互動問題，知道在野黨反對不是為了眾人，而是為了他們自己。

我想這現在也是困擾執政黨自己最大的問題。也就是說，作為一個政黨，理念在哪裡是很重要的。你不能像毛澤東講過的那樣，凡是敵人擁護的，我們都反對，凡是敵人反對的，我們都擁護，這實在不是一個很健全的民主環境。

這就是為什麼四大公投的時候，大家都會支持執政黨。因為在野黨執政的時候，也曾提出跟現在的執政黨同樣的論述。我覺得這樣的現象，所有的政黨都有責任。

但我覺得在這一點上，民進黨已經吃過很大的苦頭。我認為如果民進黨之後再成為在野黨，應該也不會為了扯後腿而存在。台灣這兩次政權交替，應該讓台灣民主更加健全化，特別是國民黨公投時一連串的反對，其實都沒有得到民意的支持。比

方說，日本食品解禁，蔡英文通過、國民黨反對，所以蔡英文的支持率漲了百分之五十，國民黨的支持率反而跌了百分之三。

老實說，民進黨執政的問題也不少。但就算遍地是槍，國民黨每次都選擇自殺性攻擊。民進黨是一個律師和醫生組織的團隊，第一會吵架，第二會防疫，但國民黨天天都在防疫上作對，可台灣的防疫是全世界做得最好的。為什麼要跟醫生打防疫？另一方面，國民黨自己其實也還有很多戰將，尤其有很多經濟學教授，甚至馬英九時代的部長幾乎全是學者。為什麼不讓他們衝在前面？

還有一點我很想和大家說的是，今天在野黨反對酬庸，但人事權本來就是執政黨的特權。因為我選舉贏了，我當然可以任用自己的人馬，你如果不服的話，你選舉贏就好了。這個「酬庸」的說法我覺得是蠻奇怪的。我想這是中華文化的觀念在背後搗鬼，民主國家的制度設計本來就是允許「酬庸」的。

# 35／台灣是「不自由的民主」？

英國《經濟學人》智庫日前發表二〇二一年民主指數，台灣位列全球第八、穩居亞洲第一，勝過第十七的日本和第二十六名的美國。看到這個數字，我第一個想到的，是兩年前去世的日本的台灣之友：宗像隆幸。

宗像年輕時曾就讀明治大學，結識了很多來自台灣的留學生朋友，當他了解到台灣被國民黨外來政權統治後，就毅然決然地投入了幫助台灣民主化的運動。

最令人津津樂道的是，一九七〇年，他在幕後策畫主導了彭明敏的救援行動。宗像平常很愛喝酒，但為此事戒酒了九個月，幾乎不眠不休地一遍又一遍縝密規劃。最後，他冒著極大的風險，利用仿製的假護照，再配合變裝等手法，順利協助被國民黨

政權軟禁中的彭明敏逃出台灣、前往瑞典。

此一行動振奮人心，讓海外的台灣本土化運動掀起了高潮。在大多數日本人看來，當時的台灣是一個獨裁、落後、需要幫助的國家，但五十年後，台灣在民主化上的成就已經超過了日本。我想，宗像老先生若九泉有知，該會捋鬚頷首而笑。

我這兩年，觀察台灣民眾的政治參與、選舉過程的透明化與多元性上，的確比日本更加徹底。甚至有時候，為了反應民意接二連三地舉辦罷免和公投，會給人一種行政資源過度被消耗的感想。

但是，很奇怪的是，台灣有很多媒體和公眾人物，天天在批判執政黨搞獨裁、打壓言論自由，甚至有前總統在報紙上批評今天的台灣是「不自由的民主」，不知道他們的標準是從哪裡來的？

我很少聽說過，有哪個國家能夠允許好事者在國會召開記者會，在不出示具體證據的情況下，質疑國家元首的博士論文是假的。如果能夠這樣做，還說是「不自由的民主」的話，不知道什麼樣的民主他們才能滿意？投票輸掉了，就罵自己的國家不民主，是輸不起的表現。

另外報告顯示，中國的民主指數在全球一百六十七國家排名第一百四十八名，和胡錦濤時代比起來下降了不少。想一想，這幾年習近平的倒行逆施，也不覺得奇怪。在心中，默默地為生活在水深火熱的中國民眾們祈福。

# 36／台灣的防疫奇蹟

台灣之所以會有防疫奇蹟，我認為有一個因素和陳水扁政府有關。在二〇〇三年發生SARS的時候，當時的陳水扁政權做了非常多法律上的修正（比如行政院將SARS列為《傳染病防治法》中的第一類法定傳染病，並經立法院通過《嚴重急性呼吸道症候群防治及紓困暫行條例》，規定政府主管機關應調查各項疾病，並有效進行預防）。這些法律修正，在這次疫情爆發的時候完全可以因應解決問題，我認為這一點非常重要。

日本的吃虧之一在於沒有法律，日本政府完全沒想到一個鑽石公主號外國船停泊，會導致日本疫情的擴散和傳播。

另外一點是，台灣在很早的時間就設立了指揮中心，把很多部會的權力集中在一起。我一直說台灣指揮官的權力比日本首相還要大得多，日本到今年（二〇二二年）才設立一個疫苗大臣。而過去永遠是厚生勞動省負責防疫，經濟產業省負責振興經濟，他們天天吵架，所以台灣的防疫指揮中心設置得非常好。

我感到最厲害的是，台灣的國民配合得也非常好。政府讓戴口罩，你在街上幾乎看不到不帶口罩的人；讓大家掃描自己的 QR Code，大家就會掃描。這在日本很難做到，十個人有九個人反對。幾個人在家裡打麻將，在台灣會被罰錢，全民的輿論都是支持和配合政府罰錢的；但是在日本，日本人一定會跟政府打官司。憑什麼剝奪我的財產權？我打麻將，你政府第一要先證明我有病，第二要證明我們打麻將會傳染，但這很難證明。在日本，也會有很多人權律師去支持這些人告政府。但是在台灣，整個輿論都認為應該罰。

在《三國演議》節目的訪談時，陳時中部長有一段話讓我很感動。他回應我們說：「我們常常在晚上捫心自問，我們何德何能，要限制人民的權利？如果有記者問我有人違反防疫規定要罰多少錢，我就說先不罰吧。但全民都很配合，這讓我覺得非常感

動。多虧大家都配合，台灣才沒有走到全面強制的情況。這實在是一件非常不容易的事情。」

我認為這是台灣防疫奇蹟出現的原因：政府和人民彼此信賴，高度合作。這樣的台灣社會真的令人羨慕！

# 第四章

# 說說台灣與中國

## ——真的很難擺脫那個簡體字國家的糾纏

# 37／有些人是不得不當統戰樣板

北京冬奧將在今天（二〇二二年二月四日）開幕，台灣有四名選手參賽，開幕前發生競速滑冰選手黃郁婷在ＩＧ上傳身穿中國隊服的照片，引發熱議。有一些人要求對黃選手進行相應的處罰，也有一些人說要冷靜看待這件事情，不要太玻璃心。

作為一個長期關注台灣問題的外國媒體人，我認為，這件事是大是大非的問題，應該重視。

首先試想，如果有一個台灣的選手在訓練時，穿的是朋友送給她的日本的隊服或美國的隊服，或許沒有什麼人注目，說不定還會被媒體寫成一段佳話。這是因為日本和美國和台灣關係良好，對台灣領土和主權都沒有野心，也沒有像中國一樣想方設法

在國際上打壓、矮化台灣。

今天的中國和台灣是對立關係，中共的飛機天天繞台，甚至可以說是一種準戰爭狀態。而中國最想做的事情，就是推翻台灣現在的民主政體，把中國的五旗紅星插在台灣的領土上。

這個時候，代表台灣的運動員穿上配有中國國旗的運動服，非常不合時宜，容易引發引狼入室的遐想。

第二，中國和台灣雙方的關係並不對等。因為台灣選手穿有五星紅旗的服裝，或許會引起一些網路上的批評，但基本不會受到法律的制裁。反觀，如果有一個中國選手，穿著一件繡著中華民國國旗的服裝，不但他的選手生命將會結束，甚至有可能引來牢獄之災。

對於這種不公平的雙邊關係，台灣方面應該積極喝停。這不是自由的問題，而是尊嚴的問題。

第三，今天的台灣的外交環境非常艱難。很多民主國家頂著中國的巨大壓力在積極支持台灣。這個時候，代表台灣參加國際賽事的選手一舉手一投足，都倍受國際社

會矚目。

如果身穿中國隊的隊服，可能向全世界發出「台灣也希望統一」的錯誤信息，容易被中國政治利用。當然，黃選手還很年輕，可能並沒有想到這後面複雜的背景。不知者不怪。

我認為，台灣政府需要做的事情並不是處罰黃選手個人。台灣社會不應該把她當作統戰樣板加以聲討，而是出台有關規定，防止類似的事件再次發生。

黃郁婷根本不夠樣板，只是她正好趕上北京冬奧會這個舞臺，她人就在那裡，應該是被當作樣板而她沒辦法抗拒。所以我覺得批評這樣的樣板沒有意義，該批評的是那些自己主動蹭上去當樣板的台灣人。

中國幕後有很多不為人知的操作，我們要明白實際上的情況非常複雜。比如說，有四個台灣人在中國，其中一個人很不幸被當成樣板，而另外一個人不想當統戰樣版，看情況不妙連夜跑回；然而另外兩個人沒跑，原因也許就是因為他們笨，不懂得中國的操作，沒反應過來，因此下一個樣板也許就是他們其中一人了。

很多歌手都屬於這種情況。比如用閩南語唱〈我們同唱一首歌〉的那位，因為內

容被指有統戰意義。雖然中國國台辦稱讚這是「台灣同胞堂堂正正表達認祖歸宗的思念」，但我的看法是，並不是這位歌手不愛台灣，而是中國此時需要統戰樣板，剛好輪到他了。而他如果要賺中國的錢，就無法拒絕。像這樣的人，因為他們涉入中國的圈子已經太深，如果要跳出來的話也需要一些時間。

我聽說有些還沒來得及跑回台灣的藝人，國台辦找他們談話，說他們要在中國發展，就必須遵守三條原則。第一條是放棄外國國籍（如果有的話）；第二條是減少收入，比如變成現在的三分之一；第三條是逢年過節要出來表態，說自己支持一個中國、是龍的傳人之類的話。

不論你是藝人還是工程師，我想提醒台灣人的是，要明白中國的政治和它的統戰術。放棄國籍好像不是問題，之後還可再申請。收入減少似乎也不是問題，也是比在台灣賺得多。但是再過幾年，你不具備統戰價值後，你就可能和中國人一樣領固定薪水。這種事情一定會慢慢發生。那些覺得在台灣賺的只是小錢，所以就接受統戰的台灣人，基本幾年之內就被掏空了。

# 38／台灣藝人只不過是按照劇本表演了一遍而已

知名藝人方芳在接受中國官媒《看台海》節目採訪（二〇二三年一月初）時，談到了「祖國」應該出手教訓台灣，宣稱「小孩不講理，有時打兩巴掌他才知道厲害」，引起了軒然大波。很多人批評方芳，但我認為，更應該注意的是，中國官媒為什麼在這個時候讓方芳說出這些話？這可能是對台認知作戰的一種新的手法。

首先，按照我長年在中國採訪的經驗，上中國官媒的訪談節目事先都是有劇本的。特別是《看台海》這樣具有非常重要政治意義的節目，嘉賓說的每一句話基本都要經過台辦和宣傳部的審查，方芳只不過是按照劇本表演了一遍而已。

現在，很多在中國的台灣藝人都爭先恐後地想成為中共的統戰樣板，競爭是很激

烈的。方芳只能說是又一個僥倖的勝出者而已，即使沒有她，也會有別人。

方芳在節目中以「中國公民」自居，加上前不久她秀出過一張手拿中國發行的「身分證」的照片，透露出的訊息是「台灣人已經認同中華人民共和國了」。潛台詞則是，台灣人今後如果想在中國討生活，就必須先認同中華人民共和國，所謂「一個中國，各自表述」已經壽終正寢了。

至於「打台灣巴掌」的語言，是變相認可對台灣進行小規模的軍事行動，而想釋放的訊息則是台灣人之中也有很多人是贊成武統的。最近，軍機繞台等中國對台灣的文攻武嚇，引起了國際社會的重視和批判。方芳作為生活在中國的一個知名台灣人，對中國的軍事行動表示一定程度的認可，具有大內宣和大外宣的意義。

中國人民解放軍的作戰方式中，除了武力攻擊，還有「法律戰」、「心理戰」、「輿論戰」，被稱為三戰。方芳的表演，屬於對台攻擊「心理戰」和「輿論戰」的一部分，今後類似這樣的攻擊相信會越來越多。台灣方面應該提高警惕，說不定還有必要修法，防範懲處類似的行為。

# 39／央視為何找國民黨前主席拍宣傳片？

就央視的《台海之聲》找洪秀柱、歐陽娜娜、張韶涵拍宣傳片這件事情（二〇二一年三月），我想談談我的看法。

二〇二〇年是中共對台工作最失敗的一年。首先是從蔡英文總統以八百一十七萬票當選之後，台灣的國際地位獲得空前的提升，台灣和美國的關係走得很近。而在台灣內部，二〇二〇年也是統派退潮退得最明顯的一年。此外在這一年，國民黨的兩個政治菁英，一個江啟臣、一個侯友宜，兩人對於統一問題都是笑而不語。

在這種情況之下，我覺得中共是非常非常擔心的，因為他們馬上就要在一年後舉辦黨的二十大了。在這之前，他們如果找不到新的對台戰略的話，習近平的對台政策

就可能受到質疑。

那麼在這個時候，他們終於得到一丁點機會。第一，就是美國的總統由川普換成了拜登。拜登上台就好像象徵中美的全面對抗結束了，因為若是局部對抗的話，那麼很多事情是可以談的；而對台灣方面，拜登也不像川普那麼積極。第二，趙少康宣布復歸政壇，這是給整個統派的一劑打針止血。而且對習近平來說，就像是終於我講什麼話，台灣這邊有人可以應聲了（比如去年的海峽論壇，王金平去都不敢去）。趙少康上來了以後，他會覺得台灣這邊終於有一個好的平台可以展示了。

央視的《台海之聲》節目也是根據大環境，開始新的一輪、對台灣的統戰作業的一部分，有新的對台統戰預算可以瓜分。《台海之聲》講「一國兩制統一中國」，就是廈門的海岸上也可以看到的宣傳標語。如果說洪秀柱、郁慕明兩人都是兩蔣的崇拜者和追隨者，那他們應該在台灣開一個廣播節目叫「三民主義統一中國」，這樣對抗才可以。他們跑到中國去的話，有一點像是中國的第五縱隊又開始活動。

在這種情況下，我覺得中國對台灣的統戰工作的下一步，目標放在三個選舉：第一是國民黨黨主席選舉，將是國民黨內部本土派和統派的一場對決，而中國當然希望

統派贏，不管是韓國瑜還是趙少康；第二就是公投，至少我覺得中國現在對此的感覺還是不錯的，他們看民調方面，不管是藻礁還是美豬，他們都覺得有可能爭取再勝一場，然後複製二〇一八年九合一選舉。所以這幾次選舉，讓他們覺得勝算好像又要來了，因此新的一波攻勢就從《台海之聲》開始。

當然，他們完全不理解台灣社會的民意，國民黨也完全和台灣社會的民意脫節。最後，國民黨黨主席的選舉，紅統派並未出線，而四大公投更是遭到全面失敗。

# 40／曾有一段時間，金馬獎忘記了初衷

這屆（二〇二一年）金馬獎頒獎典禮，你也看了嗎？當頒獎人說出最佳紀錄片由香港導演周冠威的《時代革命》獲得時，全場鼓掌長達十五秒，令人非常感動。

我非常欽佩不怕得罪中國，把票投給《時代革命》的各位評委的勇氣和專業精神。

曾經在全世界享有盛譽的香港電影，在《香港國家安全法》實施之後，受到了政府的空前打壓，已經失去了自由創作的空間。《時代革命》記錄了香港年輕人反抗強權的過程，影片是在極其艱難的環境下攝製的，無論話題性還是藝術性都是當之無愧的獲獎作品。

台灣的金馬獎創設於兩蔣時代的一九六二年。名字源自金門、馬祖兩外島地名的

字首，因為兩地是台灣與中國軍事對峙的最前線，而該獎以「金馬」命名，旨在鼓勵台灣的電影業界能效法前線國軍官兵們堅強奮發的精神。

但中間有一段時間，金馬獎忘記了初衷，演變成了兩岸統一的工具。接受過共產黨宣傳部嚴格審查的中國電影，大量湧入台灣並紛紛獲獎。雖然其中也有很多優秀的作品，但或多或少會帶有一點為中共宣傳洗地的色彩，承擔了中國透過文化滲透台灣的角色。

值得一提的是，最近在中國拍攝的、描寫朝鮮戰爭的愛國大片《長津湖》因為歪曲歷史，在韓國受到了多個公民團體的抗議和抵制，電影進口商不得不和中方中止了合同，並向韓國國民道歉。

二〇一九年，中國政府因為政治上的理由，全面禁止了中國電影參加金馬獎，在某種意義上講，反而淨化了金馬獎，使該獎獲得了新生，成為華語自由創作電影藝術的最高舞臺。

今年，由於《時代革命》的獲獎，引起了國際社會的廣泛關注，再次提昇了台灣金馬獎在全球民主陣營的知名度和權威性。

# 41／中國對台獨的定義已經改變

中國的全國政協主席汪洋昨日（二〇二一年十二月七日）向在台北和南京同步視訊舉行的「兩岸企業家紫金山峰會」發賀信，呼籲兩岸企業界人士「堅決與台獨分裂勢力劃清界線」，引發了熱議。

個人認為，這封信可以看做中國打壓台商的一個新動向。遠東事件很可能再次上演。從台灣的角度來看，昨天參加紫金山峰會的台灣企業，沒有一家是支持台獨的。而被認為是綠營金主的企業，早在二〇〇五年許文龍事件（指中國逼迫奇美老闆許文龍發表支持「一個中國」的文件）之後紛紛撤離中國，現在留下的基本上都是藍營的金主。

但問題是，台灣和中國對台獨的定義不同。以前我在中國時曾經採訪過台辦的官員，他們把台獨分成三類：第一類是經常把「台獨」二字掛在口上的社會運動人士，如彭明敏，史明等；第二類是雖然嘴上不說，但實際行動上推動去中國化的人物，如李登輝，蔡英文等；第三類是，強調「中華民國」的政治人物，馬英九、朱立倫都可以算在內。

第一類叫「台獨分子」，第二類叫「獨台分子」，第三類叫「華獨分子」。在他們看來，只要你不承認台灣是中華人民共和國的一個省，你就是廣義上的台獨分子。二〇一五年，藝人周子瑜手持中華民國國旗拍了一張照片，在中國被當作台獨分子並打壓封殺，就是這個原因。

到胡錦濤時代為止，中共在策略上對華獨表面上容忍，把獨台當成要團結的對象，只有台獨才是敵人。習近平以後，對台政策越發強硬，獨台和台獨已經基本沒有區別了，最近終於原形畢露，對華獨也開始嚴厲起來了。

汪洋的賀信的真意，今後還有待觀察，是不是暗示台商，至少要像某企業主一樣在藍營媒體撰文表忠心才能過關。今後選舉時，台商如果給中華民國派的政治人物捐

款，會不會被當作「支持兩個中國」而被清算？很難預料。

在財政上已經快米缸見底的中國看來，現在，每一個台商都是肥羊韭菜。即使今天不被宰割，誰知道明天有沒有保障。與其在刺刀下討生活，不如響應王美花部長的號召，早日回到透明法治的台灣來。

# 42／今後台獨分子的名單一定加長

中國國台辦發言人朱鳳蓮昨天（二〇二一年十一月五日）在記者會上宣布，行政院長蘇貞昌、立法院長游錫堃、外交部長吳釗燮為台獨頑固分子，因此今後將禁止其與家人進入大陸與港、澳兩地，且關聯機構與金主也絕不允許在大陸謀利。

看完這則新聞稿，首先感到疑問的是，為什麼會是這三個人？在台灣自稱是台獨工作者的政治人物比比皆是，但是以上三人，至少最近幾年在公開場合都沒有說過「台獨」二字。

如果說，蘇貞昌去年禁止向中國出口口罩、游錫堃請捷克議長來立法院演講、吳釗燮出訪歐洲，也算是分裂國家行為的話，那麼台灣的執政團隊，依照中華民國憲法

所做的分內工作，都可以算是謀求台獨的活動。

國台辦對台獨的定義如此模糊，對人的指控如此隨意，那麼今後隨著台獨分子的名單加長，凡是說過「反對九二共識」的綠營人士皆有可能上榜。也許有一天，曾經高喊過「捍衛中華民國」的馬英九、韓國瑜等人，會被說成「分裂祖國」分子；打算在美國開設黨辦事處的朱立倫的行為，也可能被說成是在企圖勾結境外反華勢力。

中國去年因香港問題，對美國的參議院議員盧比奧（Marco Rubio）、克魯茲（Ted Cruz）等人發動過制裁，今年又就新疆問題，制裁了歐洲的一些政要，禁止他們訪問中國、凍結他們在中國的財產等。但是被點名的人既沒有訪問中國的計畫，也毫無在中國國內的財產，制裁完全變成空話，淪為國際社會的笑柄。

我認為，比較值得關注的是，中共這一次打擊台獨的行動比以往多出了「禁止其金主在國內謀利」的部分，有可能被中國的執法部門當作掠奪台商財產的藉口，令人擔憂。

要知道金主的定義比台獨還要模糊，很多台商的親戚朋友中都有綠營政治人物。如果中國拿起放大鏡來調查，日常的請客吃飯送禮，或是十年、二十年前曾經參與選

舉募款，都有可能被認定為資助台獨行為。

這幾年隨著習近平政權的全面左轉，改革開放的時代已經漸漸成為歷史。好大喜功、鋪張浪費，以及大撒幣外交，種種致使中國的國庫空虛，民間企業的財產成為了當權者眼中的肥肉。

投資中國的台商，從以前遠接高迎的座上賓逐步變成了待宰的羔羊，今後制裁台獨分子金主的行動，可能會使台商在中國的處境繼續惡化。只要被當局盯上，即使再小心，也可能因一些不經意的言行被無限上綱、沒收財產。

古人說：「君子不立於危牆之下。」如果自認為不是在被中共政權保護的御用統戰台商，也許已經到了考慮撤退的時候了。

# 43／台灣企業家已經面臨必須表態的關鍵時刻

今天（二〇二二年三月三十一日）預錄的華視《三國演議》節目，請來了聯電的曹興誠榮譽董事長，和主持人汪浩大哥、我，三人就兩岸問題交換了意見。

曹董對蔡英文政府這幾年來的執政，給予了高度的評價，認為蔡政府「讓世界看到了台灣、進而支持台灣，功不可沒」。曹董同時主張兩國論，強調「中國就是敵人」，痛罵「藍營人士敵我不分，甘為中共犬馬」，語言犀利且風趣。

讓我印象最深刻的是，曹董對「一個中國」的解讀。曹董說，當年蔣介石強調「一個中國」是為了給反攻大陸找藉口，但現在還講「一個中國」，則是給中國吞併台灣找理由。就好像，「當年你在上風口放毒氣想毒死別人，但現在你已經站在下風口了，

再放毒氣就等於自殺」。

曹董出生於北京，曾經投資中國，多年來一直被認為是藍營人士，但他最近開始重砲批評中國和統派。很多人說曹董變了，但我認為，變的不是曹董，而是中國。

從鄧小平到胡錦濤時代，中國強調兩岸共同發展，不停對台灣釋放善意，同時，中國大地又到處充滿了商機。雖然也有一定的風險，但作為商人，換作任何人都很難拒絕和中國打交道。

然而，今天的中國，在習近平上台以後凶相畢露、窮兵黷武，幾乎天天派軍機繞台，還在國際上處處打壓台灣。加上在香港、新疆等地的暴行，已經引起台灣社會的廣泛反感。

此外，中國政府從中央到地方也開始不按商業邏輯做事，打壓外商、政策朝令夕改、賺到的錢不讓匯出國外……種種倒行逆施之下，現在投資中國，風險難以評估。

更重要的是，今天中美已經交惡。作為台灣的企業家，為了企業的生存，已經面臨必須要表明選擇站在哪一邊的關鍵時刻。

在我看來，曹董今天的言論，是一個企業家透過自己長期的觀察，充分思考後得

出的結果。

曹董和前不久脫離國民黨的于北辰將軍一樣，選擇了站在自由、民主、正義這一邊。

# 44／只要你不是紅的，你就是綠的

中國對台灣的政策在過去是，只要你不是綠的，你就是我團結的對象。但自從遠東事件發生，徐旭東被罰了二十億台幣，他也不得不表態說一向反對台獨、支持九二共識之後，現在的政策變成：只要你不是紅的，你就是綠的。

而且你是紅還是綠，不是你說了算，而是我中共說了算。我認為徐旭東事件會越來越多。那麼中共是從何時開始進行這樣的轉變？是習近平在二〇一九年一月二日的講話開始的。他開始從反獨轉向促統。

徐旭東被割韭菜事件的背後，有哪些台灣人看不到的面向？一個面向是中共開始逼台商表態。可以說這個樣板選擇得很好。連徐旭東都是台獨了，我的標準已經劃到

這裡了，那麼你就不用懷疑自己是不是了。不能容許你們這些台商端起碗來吃飯，放下碗來罵娘。在大陸掙我的錢，回台灣罵我。

另外一個面向是中共沒錢了。中國的地方政府現在是窮得兩眼發直，看到什麼都想要。韭菜已經割了一波又一波，但新的還沒長出來，然後它就盯上了台灣這顆大韭菜。

但我認為，割徐旭東的韭菜並不是中央的統一政策，而是地方政府自己亂割的結果。我想他們應該也是跟中央請示過的，中央說是可以割，地方才開始割。不過，我覺得後來中央還是稍微踩了一下煞車，否則會遍地開花。

我們可以看到，就港商而言，像李嘉誠那樣看情勢發展而跑得快的人，其實不多。大部分香港資本早就效忠，也就是說，在你還沒割我之前，我就已經乖乖奉上了。而中國內部的互聯網大企業，比如馬雲、馬化騰這一批人，已經被割了一批（阿里巴巴集團被控違反《反壟斷法》，對其罰款一百八十二億兩千八百萬元人民幣），然後則是范冰冰這些藝人（大約被罰逃漏稅九億）。韭菜越割越小，到最後竟連直播帶貨的薇婭這些小韭菜都被割了（被罰偷稅逃稅十三億人民幣）。

個人能夠有多少錢呢？但對中共地方政府而言，蚊子腿也是肉。但說真的，這明顯是殺雞取卵的方法。我努力賺的錢都被黨拿走了，那我還那麼努力幹嘛呢？為了被你割韭菜嗎？我深感無力，那就躺平吧。我絕對躺平，只要夠吃夠喝的就可以了。這就是中國流行躺平的原因。

# 45／「愛國人士」也沒好下場

我和中國的一些人交流，他說台灣分四種人，其中一種是「愛國人士」。但他的愛國人士絕對不是國民黨這群人，而是張安樂、郁慕明這群人。邱毅能不能算他們標準的愛國人士都很微妙。這些愛國人士不但追求統一，而且要求由中華人民共和國來統一。

剩下分三種人，一種叫台獨，就像賴清德那樣的台獨工作者；一種叫獨台，就是蔡英文這些人，雖然不把台獨掛在口上，而是大談中華民國，但實際做的是去中國化，是最終把台灣獨立。第三種叫華獨，就是趙少康、韓國瑜所代表的中華民國派。

過去我在酒席上曾聽中共幹部戲言說，不管是「台獨」、「獨台」還是「華獨」，都是中華民族的罪人，將來統一以後，台獨判死刑、獨台判無期、華獨判十五年。所以在中國現在的邏輯裡面，基本上這三種人全部是階下囚。

當時在國共內戰的時候，有大量的所謂國占區（國民黨控制的城市為主的區域），這在中國共產黨的語言中叫「白區」，而「紅區」則是他們自己的所在地。在白區裡為共產黨工作的、所謂的地下工作者，幾乎都是左翼進步人士，然而在中共建政之後，這些人大多被視為匪諜而傾家蕩產，家破人亡。共產黨所信任和提拔的幹部，都是軍隊出身，是所謂跟著共產黨打天下的那批人。

那麼今天在台灣，真正替中國共產黨工作的那些馬前卒，就算未來中國統一了台灣，他們也沒有好下場。我覺得這是一種歷史的必然。這是共產黨的歷史在短短的幾十年前已經發生、證明過的故事。

我們常常看到中國的台辦訓斥國民黨，為什麼？他也是恨鐵不成鋼啊。中國給那麼多資源支持你，各地台商都支持你國民黨，就好像父母供子女讀書，結果這個子女根本連小學都考不上。所以他們也是一肚子氣。

然而他們越是支持國民黨，國民黨的民調就越低。國民黨在國家認同問題上，在國家的方向和主權問題上，在大是大非上，如果找不到方向的話，這種政黨在台灣是永遠沒有希望的。

# 46／還有三成台灣人喜歡中國，是一種悲哀

根據這幾天媒體的報導，日本政府應該不會派高級官員出席北京冬奧會，可能會派前奧運大臣橋本聖子，或是日本奧委會主席山下泰裕前往，但要等德國、法國等表明態度之後才正式發表。這種做法非常符合岸田文雄首相的優柔寡斷、誰也不想得罪的性格，表面上配合了美國的抵制行動，同時又不十分得罪中國，但也兩邊不討好。

自民黨政調會長高市早苗多次公開呼籲，日本應該參加抵制，但是意見沒有被採用（二〇二一年十二月十日）。眾所周知，高市是安倍晉三的代理人，可見岸田和安倍在外交政策上已經漸行漸遠。十分遺憾，這一次日本又沒有負起大國的責任。

這次抵制北京冬奧會，全世界先舉手的是立陶宛和美國，結果五眼聯盟（由澳洲、

紐西蘭、加拿大、英國和美國組成的的情報聯盟）和波羅的海三國等價值觀和理念非常清晰的國家，表示了追隨，但更多的國家到現在還是在左右觀望，舉棋不定。

波及全球的抵制冬奧行動，的確給習近平造成了很大的壓力。中國開始對不參加抵制和還在猶豫的國家賠小心了。比如說，中國上週突然解除了實施多年的限韓令，很多韓國的藝人又可以回到中國賺錢了。

還有，法國大使館十二月十日在微博上發了一篇批評中國人權的文章，竟然奇蹟般地存活下來沒有被查封，一定是中國政府不想在這個時候刺激法國輿論。再者，十二月十三日是中國官定的南京大屠殺國家公祭日，習近平、李克強沒有出席活動，也沒有發表談話，可以說是對日本發出的一種善意吧。

這些小恩小惠，給原本就舉棋不定的國家一種幻想，誤認為中國會盡力改善兩國關係，以後在經濟上可以和中國加深合作。但是，這些國家忘記了中國從來都是說變臉就變臉的，它們在歷史上已經被騙很多次，到現在還不知長進。

全世界也非常關心台灣對北京冬奧的態度。時代力量在十一月就向立法院提出了「抵制決議文」，至今仍在協調之中，可能是民進黨政府不想過度刺激中國的緣故。

中國剛剛從台灣挖走了邦交國尼加拉瓜，從來沒有考慮過台灣的感受，但是台灣必須要萬事小心翼翼。這就是台灣的悲哀。

另外，國會決議文一般要全會一致通過才有力，但是抵制冬奧這件事，很難得到國民黨的支持也是事實。前不久看到全世界各國的民調，日本、美國、歐洲等很多國家都有八成到九成的民眾不喜歡中國，但是受到中國霸凌最多的台灣，竟有至少三成的人喜歡中國，應該是全世界最親中的國家之一。這也是台灣的另一種悲哀。

# 47／民進黨「數典忘祖」，忘記自己是中國後代？

昨天晚上（二〇二一年十二月十七日）坐計程車，遇到一位五十多歲的男性司機，一上車就拜託我一定要去投票，說「公投一定要投四個同意，下架民進黨」。

我告訴他我沒有投票權之後，我問：「你不覺得這兩年，民進黨政府做得還不錯嗎？不管是防疫、經濟發展，還是和美日的關係都很成功。為什麼一定要下架呢？」

司機想了一下，說：「因為民進黨數典忘祖，明明是中國人的後代，卻不承認自己是中國人。」我聽後頗為無語。

數典忘祖是《左傳》裡的故事。晉國派使節出使周王室，周王用魯國進貢的酒壺設宴款待，並問起：「各諸侯國都會進貢一些物品給王室，為什麼獨獨晉國沒有？」

晉使回答：「每個諸侯國都曾領受王室的贈予，所以必須進獻寶貴的器物，回饋王室的恩典。由於晉國地處深山邊塞，與王室距離遙遠，王恩根本無從顧及，我們又窮於應付戎狄，哪有什麼東西可用來貢獻呢？」

周王聽了非常不高興，於是細數從晉國祖先開始，周朝王室曾經贈予的種種賞賜，並責問晉使：「你的先人是負責掌管國家典籍的，為什麼你會忘了這些史事呢？」

很多年以前，當我第一次讀到這個故事的時候，就覺得周王的格局太小。明明是向別人索要東西，竟然拿過去的事情進行道德綁架，還說得如此理直氣壯。

沒想到在二十一世紀的今天，還有人還把「不數典忘祖」當作最高價值觀，放在「民主自由人權」之上，可見中華文化中的糟粕，對台灣的影響之深。

今天世界上最數典忘祖的，應該是美國人了。美國人大部分都是來自外國的移民後代，但他們都以維護美國利益優先。二戰時，德國移民的後代艾森豪將軍出任歐洲盟軍總司令，率領美軍打敗了他祖上的祖國——當時的納粹德國。艾森豪將軍選擇了和正義站在一起。

台灣這次的四大公投，已經從民生議題升級到價值觀的對立了。全世界都在關心，台灣人會做出什麼樣的選擇？

# 48／中南部地下電台被中國收買

前幾天有朋友給我傳來短信，說現在中南部的很多地下電台都被中國收買，一直在攻擊執政黨和四大公投案，透過計程車司機等管道，口耳相傳反美豬、珍愛藻礁的議題，造成很大影響。

不禁想起二〇一八年九月，九合一選舉之前，我從東京出差到南部採訪，乘坐了好幾輛計程車，發現每個司機都在批評蔡英文和陳其邁，用一些捕風捉影的根據指控他們「賣台」、「貪汙」、「任人唯親」等，而司機們的消息來源大多是所謂的地下電台。

當時我就覺得地下電台會嚴重影響地方選舉的選情，所以專門對這個問題做了一

些採訪。台灣的地下電台曾經在民主化過程中，發揮了非常積極的作用；李登輝時代據說曾經有兩百家左右。政權交替之後，陳水扁政權允許它們合法化。但合法化之後必須要交稅，也沒有辦法播放一些誇大其詞的藥品廣告，還要遵守播放時間，於是很多地下電台紛紛再次轉入地下，政府也不積極管理，於是變成了「半合法」的狀態。

今天，一部分地下電台，不但是中南部黑道的資金來源之一，同時也成為了中國滲透的對象。在廣告、金錢的誘惑下，在很多的政治議題上悄悄配合中國。由於地下電台的聽眾，大部分有台灣認同，所以他們不會直接誇獎共產黨或藍營的政治人物，而是採取批評民進黨的政要或政策的方式，來拉低民進黨的整體形象，企圖造成綠營的內部分裂。

這一次公投，我還沒有時間去南部採訪這個話題，但是根據經驗，我朋友說的應該是事實。台灣的民主化已經二十多年了，地下電台依然大量存在，突顯了台灣有關部門有法不依、執法不嚴的現實。

依法治國是保障民主、自由的基礎，這些地下電台是否應該取締？他們的行為有沒有違反「反滲透法」？我覺得有關當局應該有所作為。

# 49／中國為何熱心引渡台灣的犯罪嫌疑人？

國際人權組織保護衛士在十一月三十日（二〇二一年）公布報告指出，二〇一六年至二〇一九年間，約有六百一十名涉嫌電信詐騙的台灣人，在未經台灣政府同意或知會下，從世界各地被引渡或遣返到了中國。其中，以西班牙的兩百一十九人最多，其次是柬埔寨、菲律賓、亞美尼亞、馬來西亞、肯亞、印尼等國。

看到這條新聞，不禁感到深深的悲哀。這些台灣人被引渡到中國以後，等待他們的是獨裁國家既黑暗又殘酷的司法制裁。他們既沒有家人的支持，也找不到可以信賴的律師，他們的權益根本無法得到保障。

在台灣，也許是坐牢幾個月的犯罪，在中國可能要被重判十年以上，更何況，其

中可能還有一些是冤案。

中國透過所謂的「一個中國原則」，向世界各國施壓換取了這些人的引渡。之所以這麼熱心把台灣人關在自己國家的牢房，其目的就是為了向國內外證明「台灣隸屬於中國」這一政治主張。「透過踐踏人權來聲張自己的主權」是中共的慣用手段。

最近，由於習近平政權的倒行逆施，使很多國家對中國的看法發生了改變，對中國法治質疑的聲音越來越多。很多歐洲國家基於人權保障的立場，開始把涉嫌犯罪的台灣人直接移送回台灣了。

此外，隨著台灣國際戰略地位的提高，很多擁護自由民主人權價值觀的國家開始認識到，把犯罪嫌疑人送到毫不相關的第三國去接受審判這件事，是對人權的嚴重侵犯。

十二月九日至十日，美國拜登政權主導的民主峰會即將召開，包括台灣在內，有一百一十個國家和地區獲得了邀請。其中，把台灣人往中國引渡的西班牙、菲律賓、馬來西亞、印尼等國也會參加。

台灣或許可以藉此機會提出「犯罪嫌疑人送中」問題。如果能得到美國等主要國

家的支持，對台灣確保主權和人權都會有幫助；我個人近期也會在日本媒體寫文章，呼籲日本政府重視這個問題。

當然，這些犯罪嫌疑人回到台灣以後，如果在司法程序中被判定有罪，則應該接受台灣法律的制裁。

# 50／天弓飛彈也被滲透，細思極恐

今天（二〇二二年二月九日）報導有關天弓飛彈弊案，內容讓人震驚。竟然有業者企圖用中國製的低劣二手零件，冒充美國、德國的高科技產品、並偽造美德的出廠證書，賣給中科院用於生產攔截中國飛彈用的天弓飛彈，圖利上億元。幸虧被查獲，否則可能會大大影響飛彈的準度與精度，甚至有可能根本不能發射。

台灣和中國現在處於敵對狀態，也可以說是準戰爭狀態。中國天天想的是推翻台灣的民主政府，把台灣變成中華人民共和國轄下的一個省。台灣的國軍將士為了保衛主權和尊嚴，每天枕戈待旦，僅這幾年，就有多位飛官付出了生命的代價。

沒想到，守護兩千三百萬台灣人的生命安全的武器，也被中國滲透，細思極恐。

這件事表面上是無良商人貪圖蠅頭小利的不法行為，但其性質和通敵叛國同罪。

我們都知道，中國有龐大的對台工作團隊，為了滲透台灣、弱化台灣，他們無時無刻在蒐集情報，尋找對台灣見縫插針的機會。我敢說，當台灣業者向中國企業發包訂貨的時候，中共的對台機關一定有所察覺，並已經開始工作。如果天弓飛彈的問題沒有被發現，這件事很可能演變成台灣防禦的破口。

今天，全世界主要國家都在關心台海局勢。面對中國的武力威脅，美日歐的軍艦紛紛穿越台灣海峽為台灣打氣。如果他們聽說台灣最核心的武器也有可能被中國滲透的話，一定非常寒心，甚至對台灣社會抗中保台的決心產生疑問。

通敵叛國如果在古代，是滿門抄斬滅九族的大罪，但是今天台灣的法律，卻只能按照詐欺和偽造文書罪輕判。罪犯在監獄裡住上幾年就會出來，這對不良業者來說，犯罪成本太低了，因為他出獄以後，說不定被中國當作民族英雄，可以北京去享受榮華富貴。

只能說，今天的台灣社會，對危害國家安全的犯罪警惕性不高，對其傷害也認識不足。對敵人仁慈，就是對自己人殘忍。我認為，修改法律和強化國防採購的審查基準，應該立刻提到日程上來。

# 51／使用簡體字的國家，常常感受不到「親」情

日本首相岸田文雄在春節前夕發表新春賀詞，今年（二〇二二年）首次出現繁、簡體兩種版本。雖然未明指台灣，但在提到「當日本遭遇困難時，為我們伸出溫暖援手的恩情，我們會永遠銘記在心」，這一段很明顯是對日本三一一地震後、來自台灣民間的巨額捐款的感謝。

日本自明治維新以後，就已經不過春節了。近幾年，首相每年都會向日本國內居住的華僑，以及全世界的華人，發表春節祝辭；安倍晉三和菅義偉兩位首相的祝辭，都只有簡體字版本。

今年，岸田首相加上了繁體字的祝辭，是專門發給在日台僑和全體台灣人的，有

意識地把台灣和中國在文化上做了區隔。對台灣來講，不但受到了尊重，也是一個意外的收穫。

中國從二〇〇四年開始，為了在國際社會普及中文，在世界各地紛紛成立孔子學院，使用中國政府認定的課本教授中文，當然都是簡體字。

但是這幾年，隨著中國積極對外擴張，歐美等很多國家感到了威脅，開始認為孔子學院是中國對外進行文化滲透的工具，並展開了抵制運動。

不過，世界各國的年輕人想學習中文的熱情依然很高。我認為，這是台灣的機會，在國外開展繁體字中文教育，不但可以填補空白，也能夠借機擴大台灣在國際社會上的影響力。

繁體字又稱為正字，比簡體字更有文化內涵。比如說，我們常聽說的簡體字是「親（亲）不見，愛（爱）無心」，親字是由「立木見」三個部分組成，有一種字源的說法是「子女要遠行，在村口的小樹旁一直目送到看不見身影的是父母」，簡體字沒有了「見」的部分，變成了「亲」，子女再回頭時，只能看到立木，而看不到相送的父母了，因此生活在使用簡體字的國家，常常感受不到「親」情。

香港也是使用繁體字的。但是香港最近已經被中國牢牢控制，來自中國的新移民漸漸掌握了文化主導權，可以想像，今後使用簡體字的場面會越來越多。

個人希望，台灣能夠保住正字文化並發揚光大。

# 52／中國郵票上的老虎也躺平？

虎年大年初一，給大家拜個年！祝福大家新年平安，虎年一路發。

說到虎年，想聊一聊日本、台灣、中國的虎年郵票。

日本自古沒有野生的老虎，所以老虎的形象一直是大家想像的。看看今年令和四年郵票的設計，有一張是老虎的玩偶，就是很典型的日本傳統老虎形象。

而台灣今年（二〇二二年）的郵票設計，簡潔有力、色彩明亮，含義「猛虎生風、福氣滿堂」，「以威武虎嘯，藉以祝福新年虎氣沖天，身體健康如虎」，展現了台灣對自己的信心，新的一年大有虎嘯天下，威震四方之勢。

反觀中國今年的虎年郵票，畫得非常逼真寫實，介紹說「第一張圖描繪一隻虎轟

立遠眺，傳達國家蒸蒸日上的含義；第二張圖描繪虎媽帶著兩隻小虎，寓意兒孫興旺、家庭美滿」。但是，老虎看著無精打采，表情有點苦悶。

中國網友就調侃說，今年「老虎比以往要瘦，沒有了往昔猛虎下山的神勇。老虎腳下寸草不生，意味著無論是草還是韭菜都不好割了。老虎的眼神，迷惘中帶著明顯的幽怨，或許是躺平的時間太長，或許是獵物太少，四肢勉強站立，沒有了奔跑在野外時的警覺和威猛。這預示今年要過苦日子，無論是勉強站立還是無奈躺平，物質和精神上都要過苦日子」。

有網友還說，另一張老虎郵票是「單親二孩家庭寫照」，「自己吃不飽，但為了積極響應國家號召，孩子也要生二個，自己餓得舔口水，孩子也要拉扯大。小虎崽子們望著遠方，不知道會迎接怎樣的未來」。

中國是一個什麼都講政治的國家，連一張小小的郵票也會有這麼多深度的解讀。

在這裡祝所有人虎年愉快，心想事成。

# 53／中華圈渣男

二〇二一年十二月十九日週日，聊一聊王力宏事件。前不久談過中南海裡的張高麗，後來又冒出了個林秉樞，這次又被王力宏搶走了四大公投的媒體版面，事件也持續發展中。整體給人的印象是，最近中華文化圈裡流行「渣男」，我想從女性的角度，和大家分享討論。

首先聲明，這幾個事件至今為止，我們幾乎只聽到了被害方的一面之詞，並不完整，但也看到了很多的共同點：

首先，在這幾個事件之中，我們看不到男性對女性的絲毫尊重，對女生肆意霸凌之後沒有任何反省；而女方則是一忍再忍，放棄尊嚴、忍受痛苦，無底線般地不停退

祟。

讓，直到爆發的那一天。這或許是中華文化中長期男尊女卑，壓抑女性的變態傳統作祟。

而且，這幾個男人基本上都是需要別人照顧的巨嬰。比如說，張高麗性侵女生時，需要自己的老婆在門口把風；林秉樞三十多歲時，還為了要零花錢而痛毆母親；王力宏面對指控時，讓老父親出面發文解釋。這些都可以說是不成熟的表現，不管做好事還是做壞事都沒有獨立人格，也是歐美社會很少見到的。

另外，這幾件事之所以在社會上引起廣大反響，其原因並不是因為事情的惡劣程度，而是因為事件中的男方或女方是名人。在爆料之中，其實我們還看到了其他被加害者玩弄於股掌之間的女性存在，但社會對她們並不是很關心。

我想，這幾件事只是冰山一角，在生活之中，應該還有很多的被害女性一直在忍氣吞聲。

今天，在台灣社會上雖然有很多幫助受害女性的團體，但是在文化上，或許對這些女性的人文關懷遠遠不夠，才使她們只有在下決心玉石俱焚的時候，才敢站出來。

幾年前在歐美流行 #Me Too 的時候，在中港台基本上沒有怎麼發酵，現在看來不

是沒有問題，而是因為保守文化和社會不夠成熟，壓抑了女性們的勇氣。

一連串的爆料，可以說是社會進步的表現。今後還需要法律上的完善，以及每個人在思想意識上與時俱進。深受中華醬缸文化影響的我，也有許多需要提升的地方。以上與大家共勉。

當然，日本和歐美也有很多渣男，只是他們「渣」的方法和中華圈不太一樣，我們以後有機會再聊。

# 第五章

## 說說台灣外交

——現在走到「國際」的哪裡了？

# 54／沒有中美台三角關係

在台灣，我常常聽人說「中美台三角關係」，我認為這種說法是錯誤的，實際上只有中美關係。

當中美關係好的時候，台灣則是跟著美國，自然向中國靠過去，這個你抵抗不了，實際上這也是馬英九時代的情況。二〇〇八年連美國總統小布希都出席北京奧運會了，你能不去嗎？

但現在中美對立，台灣也只能跟著美國倒過去。然而國民黨還不想轉過去，甚至還想扮演居中調停中美關係，我覺得很好笑，中美之間最大的問題不就是台灣問題？這就是你國民黨的問題啊，你怎麼還能調停？所以，只有中美關係，沒有中美台關

係。

在蔣介石時代就是這樣，一直到蔣經國時代，沒有美國，台灣早就被中國滅了。所以陳水扁執政後，從連戰開始的親中路線延續到馬英九時代，反而是個例外。

中美關係發展過程中，我覺得最大的變數是習近平上台，讓中國把韜光養晦都給拋棄了。他開始在全世界秀肌肉，跟美國對抗、挑戰美國的權威。美國一開始忍讓，到川普上台後就一拳打回去了。這時候的台灣，作為被美國保護的小弟一定是要站在美國這邊才對，但國民黨沒有轉過來，不知道自己的角色，還停留在連戰時代。

我長期觀察國際間對於台灣問題的理解，現今的美中台局勢正在轉變，走向一種質變。打個比方，如果台灣是一隻羊，中國是一批狼，而美國是個獵人，那麼現在就是狼要吃羊，而獵人肯不肯幫忙的問題。如果說，狼跟獵人打架，羊說要選擇中立？這不可能，因為羊沒得選擇。台灣人自己也要有意識的轉變。

台灣的外交基本上百分之七十是和美國、百分之二十是和日本，剩下的百分之十是和歐洲。但是最近和歐洲外交的比重稍微有點提高。總之，把美日搞定的話，台灣的外交也確定了大半。

蔡英文時代是台美關係、台日關係最好的時代。蔡英文最大的好處是安定，她的安定感是台灣所有的政治人物都沒有的優點。從美國的角度看，無論是李登輝、陳水扁，還是馬英九，他們不知道這些人腦子裡想什麼，萬一給了授權，但對方做什麼，自己可能都不知道，所以他們面對這些人時，會有一種相對的緊張感，特別是陳水扁。

但蔡英文卻給美國一種可以信賴的、堅如磐石的感覺。蔡英文幾乎不主動對中國出招，她會在中共出招以後，再和美國、日本一步一步溝通、協商。她不會像陳水扁那樣，突然在某天晚上拿出橡皮、把原來的說法擦掉了，然後說我們一邊一國。她很清楚自己在做什麼，也很清楚台灣需要什麼。這是蔡英文的人格特質。

我認為蔡英文這種讓人感到信賴和安定的特質，更符合台灣的利益，也有助於推動台灣進一步邁入國際。

# 55／美國人也來蹭熱度

台灣外交在這兩天之間忽然進入了「豐收期」，蔡英文總統三月二日（二〇二二年）在總統府會見由美國前參謀長聯席會議主席穆倫（Michael Glenn Mullen）率領的跨黨派資深代表團，三日又會見了美國的蓬佩奧前國務卿，並授予其勳章。

在俄羅斯入侵烏克蘭的戰爭還處於膠著狀態的時刻，美國的重要人物接踵來台，意義非常重大。

首先，這應該是做給中國看的。因為在烏克蘭問題上，美國事先明知戰爭可能爆發，但卻沒有提前用外交手段阻止俄羅斯的進攻，造成了難以收拾的局面。因此痛定思痛，在台灣問題上先表明對台灣的支持態度，希望中國會投鼠忌器。

第二，這也是給台灣民眾打氣。台灣社會因為族群撕裂、假消息泛濫，民眾容易受到影響。這次烏克蘭戰爭，由於美國沒有出兵，導致台灣的一部分媒體又開始炒作「美軍不會來」的議題。所以，穆倫表示「美國對台灣的支持堅若磐石」，蓬佩奧表示「美國永遠與台灣同在」，其實都是想給台灣更多的信心。

第三，這也有蹭熱度的目的。現在民主國家中，在第一線對抗強權的烏克蘭總統澤倫斯基是當紅炸子雞，支持他是絕對的政治正確；而第二個紅人，就是面對中國的霸權堅定不屈服的蔡英文總統了。

美國馬上就要期中選舉（二〇二二年十一月），表示一下支持台灣絕對有利於選情。所以在某種意義上講，穆倫是代表拜登的民主黨來的，蓬佩奧則是代表川普的共和黨來的。在蓬佩奧公布來台行程以後，拜登那邊一看不對，馬上派穆倫後發先至，捷足先登了。

比較好笑的，是中國外交部的反應。發言人汪文斌談穆倫時說「美方派任何人展示所謂『對台支持』都是徒勞的」，但是談蓬佩奧時說「蓬佩奧的有關行徑是無恥的，也必然是徒勞的」。

明明這兩人做的是一樣的事，蓬佩奧怎麼就無恥了？明顯的雙重標準。也許是他當國務卿的時候，把中國得罪得太狠了的緣故吧？

蔡英文總統這兩次的會談，包括《產經新聞》在內的國際媒體都報導了。他們兩位及代表團的訪台是否徒勞，不是中國說了算。

# 56／副總統胸前的中華民國徽章

賴清德副總統這一次出訪美洲，出席宏都拉斯總統的就職典禮（二〇二二年一月二十七日），收獲豐碩，特別是和美國的賀錦麗副總統交談同框，是台灣外交的一個新的里程碑。

一九七九年台美斷交之後，雙方的首腦級官員第一次公開站在一起，在某種意義上可以說，中國花費多年編織出的「一個中國」神話已經開始破功。

作為中美建交的條件，美國只能和台灣有非官方接觸，是中國的一貫主張。但是近幾年，台美關係突飛猛進，美國越來越不在乎中國的臉面。台美間部長級的官員接觸越來越多，這一次上升到了副元首級，只差最後一步，就是台灣總統和美國總統見面了。

賴副總統這次出訪，可謂「一石三鳥」。在美國轉機時，他和十七位美國國會議員進行了視訊會談；在宏都拉斯，又見到了卡蘇楚（Xiomara Castro）總統，以及參加典禮的貝里斯的首相；實現了外交突破，加強了台美關係，同時鞏固了邦交國。

很多台派的人士，對賴副總統胸前戴著中華民國國旗的徽章不理解，於是結合前幾天蔡英文總統出席蔣經國圖書館的紀念活動（一月二十二日），批評現在的民進黨政府已經忘了初心。

但是，我認為執政者最重要的工作，就是要排好需要解決的問題的優先順序。今天對台灣來說，最重要的事情，就是團結一切可以團結的力量，對抗中國的文攻武嚇，以保衛台灣的主權和今天台灣人的生活方式。這個時候過分突出本土化概念，會使事情複雜化，不利於尋求國際社會的支持。

從外媒記者的角度觀察，台灣早已是一個主權獨立的國家，根本不存在台獨問題，只存在要不要把中華民國的名字，改成台灣國的改名問題。但鑒於今天的國內外形勢，改名這件事在優先順序排名上，不應該排在太前面。

過去講台獨是台灣從中華民國中獨立。那些在蔣經國時代丟炸彈的老台獨所謂的

獨立，不是從中華人民共和國中獨立，因為中華人民共和國從來沒統治過台灣。

但是台灣民主化之後，李登輝當上一次總統，陳水扁再當上一次總統，現在蔡英文又當上一次，台灣獨立似乎早就實現了。尤其蔡英文在講「中華民國台灣」這個概念，說明他們的理想已經成功。

過去，台灣若從中華民國獨立的話，台灣人只要自己投票、通過修憲就完成了。尤其那個時候，中國還在搞文革呢，造反派內鬥得一塌糊塗，根本不理台灣。現在的新台獨，則是想從中華人民共和國中獨立。但要從中華人民共和國獨立出來的話，就不是自己說了算的事。

現在搞台獨，要國際社會承認；但是沒人承認，所以說它變成一個假議題。台灣關於國家的所有要素，領土、軍隊、外交都有，只是差一個國家社會的承認。但現在的國際社會連中華民國也不承認，台灣也不承認。比起承認台灣，承認中華民國的難度還稍微小一點。改名以後再讓人承認的話，難度會更高。

我認為台灣要進入國際社會，這個方向已經決定了。賴副總統作為民選的中華民國副總統，帶著中華民國國旗的徽章出訪，不存在任何問題。

# 57／金錢外交還是價值觀外交

尼加拉瓜在民主峰會開幕的當天（二〇二一年十二月九日），宣布與台灣斷交，應該是中國精心策劃的一場外交報復。因為最近幾個月，中國的外交連連挫敗，北京冬奧會被抵制、民主峰會被排除、立陶宛成立了台灣代表處、美國和歐洲的議員接連訪台，中國的外交部必須要搞一些事情、挽回面子，才能向黨中央交差。這是中國政治的一貫思路。

在尼加拉瓜問題上，中國打了台灣和美國一個措手不及，我想，今天晚上北京外交部一定在大擺慶功宴。不過，話又說回來，丟了尼加拉瓜這個邦交國，台灣的損失其實並不大。

首先，台灣這幾年在國際社會上的能見度空前提高，歐美及日本紛紛力挺台灣加入國際組織。即使沒有邦交國在國際舞臺上替台灣發聲，台灣的問題早已成為了國際社會關心的事項。

另外，金援外交早已過時，現在流行的是價值觀外交。為什麼歐洲小國現在都紛紛支持台灣？就是因為價值觀。像尼加拉瓜這樣經常左右搖擺、唯利是圖的酒肉朋友，不要也罷。反而像立陶宛，即使被中國打壓也要力挺台灣的，才是真朋友。如果台灣把外交資源集中到和台灣擁有同樣價值觀的民主國家，應該可以發揮更大的效果。

台灣人過去的外交是金援外交，就是靠錢買外交，日語叫做「援助交際」。我聽說過去在日內瓦，台灣花了很多錢，希望其他國家的代表提案支持台灣加入WTO。但表決的時候，中國又花錢把這些代表買走了，所以投出來的票是不支持台灣加入。接著投票結束的當晚，台灣會繼續舉辦一個叫做「台灣之夜」的活動，邀請這些代表來參加餐會，還提供禮品，而這些代表也會來。這種金援外交，真的是非常奇葩。

這種台灣被人當冤大頭的情況，已經持續這麼多年了。這次和台灣斷交的尼加拉瓜，其實在九〇年代的時候已經跟台灣斷過一次交。可以說，它就是誰有錢就往哪邊倒，兩邊都倒過。

俗話說，天要下雨、娘要嫁人，有些事情，強求不得。今後，或許宏都拉斯等其他國家也會追隨尼加拉瓜，但台灣也沒必要和北京打消耗戰。台灣在中南美洲的邦交國被中國挖牆腳，美國也丟面子；美國後院的事情交給美國處理就好了。

蔡英文總統說：「台灣的民主越成功、國際的支持越強，來自威權陣營的壓力也會越大。」今後，台灣的外交可能還會面對很多艱難挑戰。但是，中國的霸道行為已經開始被世界主要國家唾棄，只要台灣堅持民主自由、走向世界，一定不愁沒有朋友。

# 58／為何東中歐國家先跳出來支持台灣？

立陶宛的台灣代表處的設置是一個代表性的事件，可以說是開了西方民主國家支持台灣的第一槍。

為何是立陶宛開第一槍？我認為波羅的海三國當年是深受蘇聯的壓迫，在九〇年代初期，經過抗爭才獲得了這種獨立和自由。三十年前上街頭抗爭的大學生現在已經變成了國家的總理或部長，開始掌權。出於這種經歷，他們支持台灣，展現的就是價值觀外交。所以，在立陶宛設代表處這件事情也可以看作是台灣堅持價值觀外交、放棄金援外交的重要分水嶺。

當然背後也有美國因素，美國也是讓他們衝在前面。但不管如何，對台灣而言，

這絕對是一個開展新的外交模式的機會。多年以來，在台灣問題上，歐洲國家按照中國的要求和吩咐來做的這種模式、所謂的一個中國政策就此瓦解了。

在這裡要談一下，這個代表處雖然叫做「台灣代表處」，但實際上和台獨一點關係都沒有。之所以有問題，只是中國面子上的問題，所以你不能叫台灣，只能叫台北。然而，這對台灣而言是非常屈辱性的感覺。

但是我也要對台灣某些媒體的說法表示反對。支持台灣的波羅的海三個國家，台灣過去叫人家「波羅的海三小國」，現在依舊有人這樣叫。但是這三國國家的面積都比台灣大。你才多大啊？你叫人家小國？我覺得這就是中國的思維方式在作祟。

中歐國家斯洛維尼亞總理亞內茲．揚沙（Janez Janša），在接受印度媒體採訪時透露：「斯洛維尼亞政府正在計劃效仿立陶宛，與台北建立互惠的貿易辦事處。」同時，他也說：「如果中國繼續對民主台灣及其在歐盟的新朋友施壓，將適得其反。」

這番談話引起了中國的強烈反彈。外交部發言人趙立堅立刻回應，稱「我們感到震驚，並強烈反對」，同時恐嚇「任何人都不要低估中國人民捍衛國家主權，和領土完整的堅強決心、堅定意志和強大能力」。如果斯洛維尼亞繼續和台灣發展關係，中

國很可能對其發動經濟制裁和外交報復。

作為一個遠離台灣海峽的歐洲國家，斯洛維尼亞能夠在這個時候勇敢地跳出來支持台灣，最大的理由應該是「正義感」。

斯洛維尼亞和立陶宛比較相似，都有過被獨裁國家霸凌的經驗。三十多年前，立陶宛是第一個從前蘇聯獨立出來的國家，而斯洛維尼亞則是第一個宣布從南斯拉夫獨立的國家。當年參與獨立運動的熱血青年們，現在已經成為了總理、部長和國會議員。他們最看不慣的，應該就是強權國家的霸凌行為了。

亞內茲・揚沙在訪談中，讓人留下深刻印象的一段話是：「如果台灣人民在沒有軍事壓力、沒有欺騙的情況下想加入中國，我們支持；但是，如果台灣人民想過自己的生活，我們也支持。」這表明了，他最後會尊重台灣人自己的選擇。我想，這應該也是所有民主國家人民的心聲。

這幾年，國際社會上支持台灣的聲量越來越大。我認為很大的原因，是因為台灣人民在捍衛主權和生活方式上，做出了明確的選擇。不管是二〇二〇年蔡英文總統的八百一十七萬票當選，還是韓國瑜高雄市長的被罷免，以及二〇二一年國慶日蔡英文

總統發表的「四個堅持」和同年十二月「四大公投」的結果，這些都在在表明了台灣不想被中國吞併，要和世界站在一起的堅定意志。

當然，國際政治有理想的一面，也有殘酷的一面。在設立台灣代表處這件事情上，中國也已經採取最大的力氣、各種手段來壓制立陶宛；立陶宛內部也出現各種反對聲音，也傳出名字再改回「台北」的新聞。面對毫無底線的中國的種種威脅施壓，立陶宛和斯洛維尼亞能不能把全面支持台灣的立場堅持到最後？的確很難預測。

在博弈最緊張的時刻，烏克蘭戰爭打起來了，而立陶宛又變成支持烏克蘭的最前線。如果烏克蘭最終獲勝，立陶宛一定是信心爆棚。但如果沒打仗的話，立陶宛設置台灣代表處這個事情，真的很可能會被中國壓制住。這就是外交博弈的殘酷現實。

但是，得道多助，失道寡助。今後像斯洛維尼亞這樣跳出來支持台灣的國家一定會越來越多。而中國的種種打壓，會讓它在國際社會上的形象越來越差，越來越孤立。

# 59／台灣可能會不小心成為國際社會的麻煩製造者

幾天前（二〇二二年三月二十二日），有在野黨立委在立法院質詢時，要求行政院院長蘇貞昌承諾「一定要約到烏克蘭總統澤倫斯基到國會演說」。蘇貞昌用台語回應：「媒人沒包生小孩啦，沒有人這樣的啦。」此事後來有無進展，外交部或立法院是否已經向澤倫斯基發出了演講邀請，還沒有見到報導。我想談一下對此事的看法。

首先要說明的是，澤倫斯基在三月二十三日於日本國會演講並非日方邀請，而是烏克蘭政府在三月十五日透過在東京的大使館向日方提出的要求。日本是世界第三的經濟大國，又是美國在亞洲最堅定的盟友，在領土問題上和俄羅斯還有過節，所以烏克蘭非常需要日本的全力支持。

演講的第二天，日本政府就透過烏克蘭大使館發表了高達一千五百億日圓支援計畫。個人認為，這個計畫是美國、日本、烏克蘭政府早就在水面下商量好的事情。澤倫斯基的演講，是在發表前給日本政府一個面子，同時也向日本國民說一聲感謝。

而台灣所處的環境和日本截然不同，國際地位非常敏感。雖然現在烏克蘭已經在戰場上掌握了主動權，但是戰局仍然有一個很大的變數——那就是，中國會不會在軍事上和經濟上支援俄羅斯？美國的拜登總統前幾天和習近平主席視訊，就是為了阻止此事。烏克蘭現在也絕不想得罪中國。

如果澤倫斯基在台灣的立法院演講的話，一定會刺激北京，中國甚至可能以「烏克蘭支持台獨」為理由堂而皇之地支援俄羅斯。那樣的話，台灣就不小心成了國際社會的麻煩製造者。同時，如果台灣正式發出演講邀請而被澤倫斯基拒絕的話，那就代表外交上的重大挫折，丟了面子，對台灣來說也不是什麼好事。

所以，在我看來，台灣在這件事上沒有必要刷存在感，默默支持並做一些力所能及的事，國際社會也一定能夠看得到。

還有人說，支持烏克蘭的同時，要提出「不向中國賣武器」的要求。這個我也認

為大可不必。現在是別人家著火而你去幫忙救火、順便提要求，那就是乘人之危。

現在烏克蘭有難，台灣全力相挺，等風平浪靜以後，如果烏克蘭繼續賣武器給中國，再提出嚴正抗議。一碼歸一碼，展現成熟的外交，也能顯出台灣的高度。

## 60／日本的「挺台派」與「和中派」

日本前首相安倍晉三今天（二〇二一年十二月一日）視訊連線國策研究院主辦之「影響力論壇」，發表了「新時代台日關係」為主題的演講。演講中，安倍明確支持台灣參加ＣＰＴＰＰ，呼籲日台聯手共同對抗中國威脅，並強調日台應該加強在半導體產業鏈上的合作等等內容。

基本上，這次演講可以說是把安倍政權時代的對台灣政策，用更加直率易懂的語言再描述了一遍。雖然沒有什麼新的內容，但是對推動今後的日台關係有積極的作用。因為在今天的日本，岸田文雄內閣的主要閣僚當中，如此旗幟鮮明的挺台言論已經漸漸減少了。日本的執政黨內已經悄然形成了「挺台派」和「和中派」兩個集團，

其外交政策的不同趨於明顯。

挺台派是以安倍前首相、高市早苗自民黨政調會長，以及佐藤正久自民黨外交部會長為首。和中派則是以林芳正外相、福田達夫自民黨總務會長為中心。岸田文雄首相雖然表面上保持中立，但心情上應該是支持林芳正的。

我要強調的是，和中派並不是親中派。在加強日美同盟、對抗霸權主義等大方向上，兩派的立場基本相同。但是對和中國的交往方式，比如說林芳正應不應該這個時候訪問中國的問題上，雙方存在著一定分歧。

安倍在今天的演講後，被問到林芳正是否訪問中國的時候，專門強調「我聽說這件事還沒有定下來」，其實就是間接在表示反對意見。這件事已經討論了近兩個星期了，至今沒有結論，非常不尋常。

不僅自民黨內反彈強烈，《產經新聞》集團的《富士晚報》做的網路民調，竟有百分之九十六的日本民眾表示反對林芳正訪問中國。聽說，美國也私下向日本表示了不支持的意見。被美、中兩大國夾在中間的林芳正，現在陷入了「去也不是，不去也不是」的兩難境地。

安倍現在是自民黨最大派系「清和會」的會長，在日本國內外都擁有巨大的影響力。沒有了首相身分，有時候更加便於活動，而在支持台灣問題上，又有日本廣大的民意支持。他於二〇二二年訪問台灣的計畫，如果能夠實現，說不定能為日台關係開創出新的局面。

# 61／其實沒有必要談日本版「台灣關係法」

日本人每次都談台灣關係法，這其實是沒必要的事情。但這不算是日本的主流民意，而是涉及台灣議題的政治人物會談論的話題。

不過，和美國的《台灣關係法》比較起來，美國該法的目的是賣給台灣武器。二戰以後，台灣（中華民國）一直是在美國的保護之下，而美國在和中國建交以後，要給台灣一個保障，就類似離婚以後還繼續養你的一個文件證明，展現負責的態度，這才有《台灣關係法》的出現。

但日本不一樣。日本是二戰戰敗國，有「武器出口三原則」，還有《和平憲法》。如果不能在安保上支持台灣的話，日本版台灣關係法的價值和意義又在哪裡呢？目前

的日台關係，是在日中的共同聲明上確定的，日本和台灣不可以有官方交流。雖然台日關係現在已經有一些突破，但官方交流還是只能做不能說的事情。

至於民間交流，只要不涉及軍事外交的話，台日交流是非常密切的，不管是文化交流、經濟交流、觀光旅遊，雙方是好的不能再好的關係了。所以日本版的台灣關係法是沒必要的。除非日本修改憲法，明確在安保上支持台灣，這樣的台灣關係法才有意義。

日本國內有兩派，一個是岸田派，一個是安倍派。安倍是親美、抗中、挺台。岸田的親美挺台政策基本沒有變，但是抗中可能要改成和中。這是兩者的最大不同，主要對中國的態度。

# 62／石原慎太郎與台灣

日本著名作家、前東京都知事石原慎太郎，昨日（二〇二二年二月一日）辭世，台灣也失去了一位重要的日本友人。

石原文采過人，在大學時代開始寫小說，二十三歲時就以《太陽的季節》一書獲得日本文學的最高峰「芥川獎」，三十五歲當選國會議員，直到八十二歲從政界引退，他一直站在呼籲「抗中保台」的最前線。

他立場保守，推崇日本傳統文化，堅決反對共產主義。一九七二年，當時的日本首相田中角榮打算和中共建立外交關係的時候，石原就認為此舉是背叛台灣的行為，曾極力反對，一度和田中鬧得水火不容。

一九九九年，石原當選東京都知事之後，連續當選三屆。他在任內，一直致力於發展日台關係，和李登輝、陳水扁兩位總統都有非常密切的互動。

二〇〇四年五月，他專程來台出席陳水扁的第二次總統就職典禮。會談時，陳水扁詢問他如何吸引更多日本觀光客來台？石原立刻拍胸脯說：「我可以幫忙。」半年後，他帶著大批的記者再次訪台，登上了觀光列車「寶島之星」，用了三天兩夜環島一周。

在火車上，面對日本媒體的攝影機，他大談「台灣的風景飲食、溫泉文化最適合日本人，而且台灣乾淨、整潔、人又有禮貌，與其去中國旅遊，不如來台灣」。石原的這次訪問，使很多台灣各地的觀光景點在日本一舉成名，造就了後來的赴台觀光熱潮。

石原慎太郎後來在推動台灣人赴日免簽證、台日駕駛執照相互承認等問題上，也做了很多工作。

在石原擔任國會議員的期間，親中派是日本政界的主流，加上他言語犀利、不給別人留情面，所以樹敵眾多。

一九八九年，他曾出馬參選自民黨總裁，但很可惜輸給了海部俊樹。海部首相後來在六四天安門事件後，全世界第一個解除了對中國的經濟制裁，遭到了國際社會的批評。如果是石原當上首相，應該會是一番不同的光景。

石原慎太郎雖然已經離去，但他主張的抗中保台路線，已經漸漸被日本社會接受，並成為今天日本外交的主軸之一，相信他也感到相當欣慰了。

# 63／說日本災區食品有毒是對日本國民的侮辱

最近經常聽到一些台灣在野黨的人士說，日本東北災區的食品是有毒的，對身體有害的。作為一個住在台灣的日本記者，我認為這種說法是對日本政府、日本媒體，以及全體日本國民的一種侮辱。

這種說法的邏輯是：一、日本政府沒有好好把關，讓有毒的食品在日本國內流通，甚至想賣到外國去，這是一個絕對的無良政府；二、日本的媒體完全沒有起到監督政府的作用，讓有毒的東西進到日本國民的口中；三、日本的國民頭腦都不清楚，天天吃這些東西也稀裡糊塗不抗爭，就是在罵日本人智商低。

現在，全世界禁止日本東北食品的國家，只有中國和台灣（韓國禁止一部分水產

品）。難道全世界的人都智商低？只有中國共產黨和台灣的某在野黨的人智商高嗎？

保證食品安全是全世界每一個國家都要做的事情。但是，你要禁止一個東西的話，你必須要有證據。就像警察要抓人，也要掌握證據才可以，不能說你長得像壞人，我就抓你。日本的食品，你不能說看著可能有問題，就不讓它進口，這是站不住腳的，會影響台灣的國際形象，也會影響台灣未來參與國際組織。

正確的做法應該是，用科學的標準嚴格把關。合格的食品可以進、不合格的食品不能進，才是一個負責任的態度。

對日本來說，台灣的市場並不是很大，日本政府要求台灣開放進口，並不是為了把產品傾銷給台灣，而是希望台灣不要助長對災區的歧視。將來如果日本食品進口，一定會標明產地，任何人如果不想吃，都可以選擇不吃。

另外，台灣過去對福島五縣食品採取地域限制進口，是非常不科學的把關方式，只是助長地域歧視，對食安基本沒有幫助。

比如說，我的家鄉是五縣中的千葉縣，是由南到北非常狹長的地方。千葉縣的北部確實與福島縣稍微相近，但南部距福島縣很遠，甚至比東京、琦玉、神奈川還要遠，

卻因為地名歸在千葉縣，食品就無法進口到台灣，實在非常不客觀、不公正。

另外，千葉縣的漁港很多。如果有人對千葉的漁港打上來的魚不放心的話，那麼相隔不遠的東京、橫濱的港口抓上來的魚就安全了嗎？當然沒有這種事情。因為魚是會游泳的，因此每條魚都檢驗，其實是對民眾更負責的一種方式。

某在野黨的著名媒體人，在同黨於二〇一八年推動反對日本食品進口公投時，跑去日本料理店大吃握壽司，吃的就是千葉勝浦港打上來的金目鯛，還把照片放在臉書上。千葉縣是被禁止進口台灣的災區五縣之一，東京迪士尼也在千葉，是許多國內外遊客觀光消費的熱門地區。這說明他心裡早就知道這些食品對身體無害，他的反對就只是想給執政黨搗亂，不希望台灣和日本搞好關係。

反對日本東北食品進口，和二〇二一年四大公投中的美豬是一樣的，沒有科學根據。我希望大家能以理性科學的眼光來看對日本東北食品解禁的問題。

# 64／不開放萊豬也能加入CPTPP絕對是天方夜譚

日本前首相安倍晉三前幾天接受民視駐東京特派員張茂森的專訪（二〇二一年十二月四日播出），再次表明了支持台灣參加CPTPP。其中有一句話非常耐人尋味，安倍說「蔡英文總統已經表示會接受CPTPP的所有有關規範，重點是CPTPP設有較高的規範」。

這個時候這麼說，當然是意識到了台灣在十二月十八日（二〇二一年）將要舉行公投，希望台灣能夠解決萊豬和進口問題，然後再開放日本地震災區的食品進口。台灣已經基本完成了加入CPTPP相關的修法，只差這兩件事了，可說是萬事俱備，只欠東風。

參加ＣＰＴＰＰ對貿易立國的台灣有很多好處，可以使台灣的經濟成長每年提升兩個百分點，也對提升台灣的國際地位很有幫助。但是加入任何組織，都要遵守其規則，這是天經地義的事情。

今後，日本會以不遵守國際規範為理由全力阻擋中國加入ＣＰＴＰＰ，也會全力支持台灣加入。因為台灣的加入，既符合台灣利益也符合日本的國家利益。但是如果台灣民眾自己選擇不要遵守國際規範，那麼日本就幫不上忙了。

這就好像台灣想上某大學，作為學長的日本可以借參考書、幫助複習，且台灣考上大學之後，日本還可以幫忙介紹朋友、老師和社團。但是，如果台灣拒絕參加大學聯考，那麼日本就沒有什麼可為台灣做的了。

在長期食用萊豬的日本人、美國人看來，萊豬不是食安問題，而是政治炒作。但是在台灣，有關萊豬公投的各種民調，至今依然反對占多數，讓全世界的親台人士非常憂心。

作為日本政界最有影響力的親台派安倍，最近頻繁對台灣發聲，應該也是因為這個理由。他的言外之意是「台灣千萬不要自己放棄」。前不久（二〇二一年十一月

二十六日），美國的幾個親台派國會議員專程跑來台北，和蔡總統談貿易問題，他們的心情應該和安倍差不多。

這些動作絕不是對台灣恐嚇，即使美豬和日本食品都不能進口，我想安倍和美國的議員們也會一如既往地支持台灣。但是，他們也一定會為台灣民眾的選擇感到無奈與悲哀。

當然，即使台灣進口了萊豬和日本食品，也不能保證一定可以參加ＣＰＴＰＰ，還有中國的阻撓等等，很多問題要解決，就像參加大學聯考也不一定代表能考上大學。

至於有一些在野黨的人士提出的「政府應該嚴肅思考，不開放萊豬也能加入ＣＰＴＰＰ的方案策略」在我們外國媒體看來，絕對是天方夜譚。

# 65／擋在台灣國際化道路上的一塊大石頭被搬走了

今天（二〇二二年二月八日）的《產經新聞》刊登的報導，台灣當局已決定解除對包括福島在內的日本五個縣生產的食品的進口禁令，該禁令自二〇一一年三月東電福島第一核電站事故以來實施至今，已經有十多年。

日本食品問題得到了解決，對今後的日台關係非常有幫助。今天一大早，我接到了很多日本人讀者的反應，大家普遍都對這件事表示歡迎。在此，對於付出汗水和努力的日台雙方人士表示敬意。

台灣蔡英文政府自二〇一六年上台以來，一直在考慮解除五縣食品進口禁令，但因在野黨和國民黨強烈反對而未能實現。然而，去年十二月，一場關於是否進口美國

豬肉以生長促進劑萊克多巴胺為飼料的公投，大量民眾支持進口，儘管國民黨反對進口，卻成為解除禁令的順風。

世界上全面禁止日本食品的只有中國和台灣，台灣現在不解禁，中國早晚也會解禁。聽說習近平本來打算把解禁日本食品，當作今年訪問日本的一份大禮。蔡英文這次的舉動，把習的禮物弄沒了，讓他吃了一個大大的啞巴虧。

但是，台灣的在野黨、中國國民黨今天召開了三個記者會表示反對，馬英九前總統也發表了反對聲明。他們好像忘了，解禁日本食品是馬英九政權晚期想做卻沒有做到的事情。

不僅如此，年金改革、開放美豬，甚至連六三三政見（經濟成長率百分之六、失業率降至百分之三以下、平均國民所得達三萬美元）等，馬政權想做沒有做到的很多事情，都在蔡英文政權實現或即將實現了。加上防疫的成功，我想任何一個正常人，都能夠看到台灣這幾年的進步。

這幾年日台關係非常好，但是以往的台灣貿易政策涉及到日本國內的地域歧視，對日本來說，始終如鯁在喉。這次福島五縣食品政策調整，解決了日台之間最大的問

題，整體日本社會都很感謝。岸田文雄內閣也承諾會全力幫助台灣加入ＣＰＴＰＰ。而日本食品解禁，也意味著擋在台灣走向國際的道路上的又一塊大石頭被搬走了。

雖然，今後還會遇到中國的阻撓等這樣那樣的問題，但我相信只要日台聯手共同努力，沒有克服不了的障礙。

# 66／要美軍來，又拒美豬，這是「巨嬰性格」

我最近看了台灣民意基金會的兩份民調的結果，頗為感慨。

一份是十一月二日（二〇二一年）發表的「兩岸軍事危機下的台灣民意」，提到如果中共武力犯台，認為美國有可能出兵協助台灣的有百分之六十五，認為日本的自衛隊會出兵協助台灣的也有百分之五十八。看到這個數字我很吃驚。

另一份民調則是十月二十六日發表的「四大公投、政黨支持與台灣政局」。在反對美國萊豬公投一案上，有百分之六十八的人打算投同意票。雖然這份民調沒有對日本的東北食品的進口問題做調查，我想反對進口的比例應該也不相上下吧？

大家不覺得這兩個結果有什麼矛盾的地方嗎？台灣有難，大家希望美國和日本的

青年付出鮮血、甚至生命的代價來相挺。但是，想賣一些美國人和日本人每天都在吃的東西給台灣，台灣卻以食品安全為理由，堅決不打開市場。

說句老實話，台灣的市場並不大，美國和日本都不是想在台灣賺很多錢，只是想請台灣幫一個小忙而已。美國為了打入歐盟和中國市場，所以請台灣背書，說你要開放市場，但其實根本沒想賣給台灣多少東西。

現在台灣的民粹吵成一片，以後怎麼跟美國打交道？就像別人送的東西，你可以不吃，但不能當著別人的面把東西丟到垃圾桶裡，還大罵人兩句。這就沒法交朋友了。下棋的高手是能看十步、二十步的，但台灣在野黨只看一步。外交講求互相幫助，台灣若一直以「巨嬰性格」和別人打交道，是維持不下去的。

日本也一樣。要求台灣解禁東北食品，主要目的是為了消除對地震災區的歧視。日本東北的食品到台灣來，一定會打上標籤，也不可能大量進來。日本出口東北食品是為了解決國內歧視問題，如果連跟日本關係最好的台灣都不進口的話，就可能造成日本國內歧視災區的理由。

這也算是幫一個小忙，台灣沒什麼損失。但如果這也不幫的話，日本有可能會覺

得，以後怎麼幫台灣？台灣要參加CPTPP，有貿易歧視是絕對進不去的。又如果今天台灣民調拒絕開放，中國隔天馬上先開放，台灣情何以堪？

日本的官房長官松野博一是千葉縣人、自民黨幹事長茂木敏充是栃木縣人、挺台派大將參議院議員佐藤正久是福島縣人，他們的家鄉的農產品，都是台灣禁止進口的對象。他們在外交上力挺台灣，但同時也要面對選民的批評和壓力。

如果中共武力犯台，美日會不會出兵協助？這其實是有很大不確定性的。美國和日本都是民主國家，政治人物需要看民意才能做出最後決定。如果台灣只知道索取，而不願意付出和承擔義務，連一點小忙也不肯幫的話，我想日美的挺台之聲，說不定會漸漸削弱。最希望看到這種結果的，恐怕就是北京了。

我覺得十二月十八日的公投，和二〇二〇年的大選一樣，其實是中國美國的代理戰爭。台灣要選擇是站在國際社會這邊，還是站在中國這邊？百分之六十五的台灣人覺得美軍會來幫助台灣，百分之六十八的人反對美國的萊豬，這樣的民調反映了具有台灣特色的政治，就是巨嬰性格。

我有事你要幫我沒商量，你有事跟我沒關係——雖然因為戰略的需要，美國還是

可能會幫助台灣，但是情況持續下去，台美之間慢慢地就會喪失互信關係。一方面要美軍來，一方面又拒絕美豬，我覺得台灣不能認為由於情況特殊，因此就覺得自己若在國際上沒有權利，那就不必負擔義務。在這種情況下，台灣永遠長不大。

所以我認為四大公投裡只有一個最重要，那就是美豬。食品安全問題是最卑鄙、最廉價的一種炒作。公投如果過了，台灣跟美國的自由貿易協定不可能談成，而在一個大的整合之中，台灣會變成孤兒，會影響經濟成長，十幾二十年緩不過來。這已經不是中國打壓的問題，而是台灣自己選擇孤立於國際社會。

# 67／台灣水果是自由民主的名片

看到農委會主委陳吉仲在臉書上發表首批冷凍釋迦外銷日本的消息（二〇二一年十二月十六日），非常高興。自從今年夏天中國禁止台灣的釋迦、蓮霧進口，我便一直在日台媒體上呼籲外銷日本，也曾經當面向陳吉仲主委提案過，但聽說有保質、檢疫、消費者認知等諸多困難，需要一個個解決，沒想到這麼快就能成行，感謝日台有關人士的不懈努力。

中國對台灣水果的打壓，在某種意義上促進了台灣水果的國際化。比如說鳳梨，今年春天被中國禁止進口的消息傳到日本以後，台灣鳳梨在日本爆紅，日本民眾將其稱之為「民主自由的水果」，單價雖然是菲律賓產的將近兩倍，但依然供不應求。

日本著名美容外科權威高須克彌醫師在推特發表了「從今往後鳳梨只吃台灣產」的聲明，得到了很多人的支持。據統計，今年出口日本的鳳梨有可能達到兩萬噸，將近去年的十倍。

值得一提的是，鳳梨和釋迦都是中國以發現害蟲為理由被禁止進口，但這些水果銷往日本，在日本卻完全沒有聽到任何妖魔化台灣水果的聲音。原因很簡單。因為日本的消費者相信台灣政府不會害日本人，相信日本政府會嚴格把關，相信科學。

蓮霧外銷日本，目前好像還有一些技術困難要克服。我曾詢問過一位日本官員吃蓮霧的感想，他說：「味道像水果又像蔬菜，重要的是，大家不知道要不要削皮？」換言之，正因為大部分日本人沒有吃過蓮霧，所以只要做好宣傳和營銷，說不定能開拓出一個巨大的市場。

台灣水果是台灣的一張亮麗的名片，希望能夠早日全面走向國際。我作為一個媒體人的呼籲，說不定這次在促成這件事情發揮了一點點作用，非常有成就感。

## 68／與民協力的台灣模式讓世界刮目相看

昨天（二〇二一年十二月十日），在美國拜登政權主導的民主峰會中，行政院政務委員唐鳳表示：「台灣連續三年被人權組織列為亞洲唯一開放國家，靠的就是信任人民、與民協力的台灣模式。」

「台灣模式」這個詞，應該給很多與會者留下了深刻印象。

在國際社會上被中國打壓了多年的台灣，這一次能向大型國際會議，派出自己的代表，挺起胸膛在一百多個國家的政要面前發表演說，並把台灣的成功經驗作為樣本分享給大家，是一件非常不容易的事情，也是台灣走向國際的一大步。

台灣這一次被國際社會認可，其原因是多重的。有美中對抗等國際情勢的變化、

有中國的咄咄逼人、也有友台國家的全力相挺，但更重要的，還是台灣自己的努力。

這幾年疫情爆發，台灣幾乎是唯一沒有使用封城等強制手段，而完成了一場近乎完美的防疫戰的國家，獲得了全世界的掌聲。在防疫方面，台灣透過超前部署、冷靜合理分配資源，以及全民的配合，一次又一次擊退了病毒的攻擊，在防疫上成為了全世界的佼佼者，也證明了台灣社會的成熟度和危機管理能力，讓全世界刮目相看。唐鳳講的「信任人民、與民協力的台灣模式」，今後，或許能成為民主的一個新的高度。

不過，馬英九前總統好像看不到這些成績，所以在《聯合報》投書批評現在的台灣，離「民主」越來越遠，趨近「不自由的民主」。我想，這種說法是不會被大多數台灣人和出席民主峰會的所有國家接受的。

我派駐台灣已經快兩年了，主要見證了兩件事：一件是台灣的防疫成功，另一件就是台灣走向國際。這兩年歐洲、美日的政要接連訪台，在半導體峰會、民主峰會等國際會議上，台灣也頻頻亮相；再加上，四大公投開放萊豬，以及解除對日本福島食品的進口限制，說明台灣的民主已經漸漸不再被民粹左右。這些都向全世界展現了台灣民眾相信科學，走向國際的決心。

# 第六章

## 說說台灣社會

——我在台灣看到了這些不一樣的地方

# 69／台灣人能夠拋下歷史包袱嗎？

跟大家分享週末到台南一遊所見。拜訪了今年（二〇二一年）夏天成立的台南市日本人協會，會長野崎孝男先生是日式拉麵連鎖店的老闆，也是長年活躍在日台交流的第一線的名人。

今年二月，中國禁止台灣鳳梨進口的時候，野崎會長以身作則，發起了號召日本人購買鳳梨支援台灣農家運動。這件事被日本各大媒體廣泛報導，在日本國內掀起台灣鳳梨熱。

據行政院農委會統計，今年至八月為止，台灣向日本出口鳳梨一萬八千噸，是去年的八倍以上。希望台南市日本人協會越辦越好，為日台親善做出更多貢獻。

在台南，還參觀了一些有關歷史的建築和景點。昭和天皇裕仁皇太子時代，曾經訪問台南種下的一棵榕樹，至今在成功大學校內茁長成長。想起在韓國，日本統治時代種下的樹木，已被砍伐殆盡。我不禁十分感慨，因此也感謝台南人對植物和歷史的珍惜。

有兩個銅像給我留下了深刻的印象。一個是林百貨前面的慰安婦像，由當地中國國民黨黨部建成，呼籲大家不要忘記日本統治時代的陰暗面。另一個是和慰安婦像只距數百米遠的公園內的湯德章像。這是由在地的台派主導建成，控訴二二八事件時，國民黨鎮壓台灣菁英的罪行。

兩個銅像同時存在，反映了台南文化的多元性。而兩個銅像都還具有現實的政治意義，說明台灣社會的族群融和至今還沒有完成，歷史不應該忘記。

但我真心的希望，台灣人能夠拋下歷史包袱，團結和睦、一起前行。

# 70／湯德章大道提醒大家不要忘記歷史

今天（二〇二二年三月十二日）是台南市正義與勇氣紀念日，台南市長黃偉哲上午出席湯德章紀念協會主辦的湯德章追思紀念活動時表示，台南市中正路從國立台灣文學館到忠義路口這一段，將更名為「湯德章大道」，而台文館將是湯德章大道一號，預計上半年掛牌。

湯德章的日本名字叫坂井德章，一九〇七年出生於台南，父親為日本東京人，母親為台南南化人。他曾在台南當警官，後來到日本中央大學法律系就讀，考上日本高等文官。他回台灣後任執業律師，並在國民政府接收台灣後，加入中國國民黨。

二二八事件發生後，他被民眾推任二二八事件處理委員會台南市分會治安組組

長，又被參議會推薦為「台南市長候選人」。然而，最後他被控叛亂罪，遭國軍槍決於民生綠園。二〇一四年，台南市政府將湯德章殉難日的三月十三日訂為「台南市正義與勇氣紀念日」。

我認為，在俄羅斯入侵烏克蘭的今天，作為被外來政權所殺害的本土菁英，湯德章的故事更加應該被想起。

如果今後，俄羅斯全面占領了烏克蘭，那麼烏克蘭境內，很可能就會出現許多像湯德章一樣的本土菁英被殺害。試想有一天，台灣若是再一次被外來政權占領，誰又能保證湯德章式的悲劇，不會在這塊土地上重演呢？

台南市這次命名湯德章大道，是提醒大家不要忘記歷史。前年李登輝去世的時候，我曾經在電視台的政論節目中提案，是否考慮用李登輝的名字命名一條道路？因為李登輝為台灣民主做出的貢獻，是有目共睹的。日本人又非常喜歡李登輝，如果台灣有這麼一條道路，每年一定會有一些日本觀光客專程來走一走。

台灣有那麼多條以孫中山、蔣中正命名的道路，而且和台灣淵源不深的羅斯福、林森的名字也都被拿來命名道路，為什麼不能有一條以李登輝的名字命名的道路呢？

李登輝家鄉三芝的「登輝大道」好像並不是正式名稱，也未見明顯宣傳，個人覺得是稍微可惜的。

# 71／台灣的民粹和假新聞氾濫

昨天參加了一場台灣事實查核中心主辦的活動，與諸多媒體前輩一起觀看了描寫今年（二〇二一年）諾貝爾和平獎獲獎者瑪麗亞．瑞薩（Maria Ressa）的紀錄片。瑪麗亞．瑞薩作為一名記者，為了揭露真相，勇於和來自政府的假新聞鬥爭，遭到菲律賓當權者的打壓。

影片放映後，有幸上台和觀眾分享了一些感想。瑪麗亞．瑞薩的故事，讓我想起了很多被北京政府打壓、還被關在各地監獄裡面的中國記者同業，對他們的勇氣和專業精神表示敬意。

假新聞有兩類。我認為，在沒有公平正義的國家，大部分假新聞來自專制政府，

抗爭需要勇氣；但是在民主國家，假新聞大多來自民粹，抗爭需要智慧。

從一個日本媒體人的角度來看，族群被撕裂的台灣，有很多人都活在自己的同溫層裡，假新聞非常容易氾濫。比如說，「萊豬有毒」就是一條典型的假新聞，屬於反科學陰謀論的範疇。

試想，如果萊豬真的有毒，那麼美國、日本，以及允許萊豬進口、CPTPP的各國政府，不就都是不顧人民健康，草菅人命的政府？如果萊豬真的有毒的話，這些國家的所有媒體，不也都是既不會揭露真相、也不想監督政府的黑心無能媒體？如果萊豬真的有毒，那麼讓自己小孩吃萊豬的各國的母親，包括美國在台協會的孫曉雅（Sandra Oudkirk）處長在內，全都是既糊塗也不關心小孩健康的母親？

大家想一想，這可能嗎？

台灣泛濫的假新聞，既有來自對岸的獨裁政權的，也有來自國內民粹主義的。在台灣，對抗假新聞既需要勇氣也需要智慧。

# 72／凡是標題帶驚嘆號的，都可以懷疑是假新聞

最近發現，台灣還是有很多人相信蔡英文在二〇二〇年總統大選得到的八百一十七萬票是假的。就這件事，想和大家聊一聊。

我當記者當了二十五年，經常碰到騙子。但從一個人說話的邏輯來看，就大致能做出一些判斷。在假新聞的問題上也是如此。

首先，大家如果知道在台灣負責開票的，是各地政府而不是中央機關，那麼這件事就能破解。當時選舉的時候，台灣二十二個縣市裡面，有十五個是國民黨執政。在這樣的情況下，根本沒有作票的環境。我認為，大家還是要相信常識。

另外就是，很多人還是會討論蔡英文的論文問題。雖然多數人應該沒有辦法直接

去看這份論文，也很難判斷它的學術水平高不高，但我就兩個邏輯來說一說。

第一，倫敦大學有一百二十年的歷史，出了五十多個總統和首相，也有二、三十個諾貝爾獎得主。它若為一個台灣再過幾年就會卸任的總統背書，而把百年清譽全部搭進去，弄得不好，它以後還想不想招生？

但是，倫敦大學兩次提出關於論文的證明。事實上，如果倫敦大學不願意判斷，它也可以選擇不介入。但它兩次在自己的網站上證明蔡英文的論文是真的，那你是要相信互聯網上的消息，還是相信倫敦大學？在這個事情上，我認為倫敦大學的聲譽比台灣要好。而且倫敦大學沒有必要倘渾水，是就是，不是就不是。

也有人質疑倫敦大學有沒有可能跟蔡英文買通了，也幫蔡英文騙人。那就更不可能了。因為直到現在，英國沒有一家大媒體報導這件事，而全世界的主要媒體也都沒有報導倫敦大學被蔡英文買通的這條新聞。但如果真有這樣的事發生，而且確實有證據，媒體一定會搶著報導，會深掘真相報導這一國際大新聞。

但全世界主要媒體中，除了中國和台灣的媒體之外，沒有一家媒體報導這件事。同樣的事若發生在日本，我是慶應大學畢業的，現在是《產經新聞》記者，如果哪一

天，我抓到慶應大學發了一個假博士學位，我一定第一個寫出來。

事實上，真正的新聞，通常第一次見報可能只是一句話，慢慢會出現越來越多細節，比如說時間、地點、人物關係等要素會越來越清晰。這是新聞的傳遞方式。

有一段時間，有人傳言說金正恩死了。然後過了大約一兩個星期，大家還是在傳他死了，當然死的方式有點不太一樣，有的人說死在這裡，有的人說死因是那個。但整體上，金正恩死訊的相關信息還沒有收斂起來，時間、地點、方式都還是模模糊糊的，這就很奇怪了。

而另一方面，韓國情報院沒有任何反應。它們有一萬多名情報員，其中百分之七十是盯著金正恩的。這件事情如果是真的，過了一個星期之後，這些情報員都還沒確認的話，韓國情報院豈不是等於白養他們了。這也是判斷假新聞的邏輯。

再比如說，二〇二〇年美國大選的時候，有消息聲稱美國軍方突襲了掌握選舉數據的德國公司位於法蘭克福的伺服器設施。但實際上過了三天，德國政府都沒有反應，這就很奇怪了。開玩笑，美國政府在我國國內執法，而我們的政府卻沒有反應，以後在國際社會上要怎麼混？我或者表示抗議，或者表示理解，或者說我們不表態，

這都是一種反應。但如果到了第三天都沒有直接負責的權威人士表態的話，那表示這很可能就是假新聞。

我之前提過，台灣的假新聞除了國內的民粹因素，更多是中國操作的。所以，要辨別假新聞，除了用邏輯來思考之外，也要看來源。假新聞一般都先出現於簡體字互聯網上，尤其從微信來的特別多。我提供大家一個辨別方法：基本上凡是標題帶驚嘆號的，都可以懷疑是假新聞。

# 73／多元文化的台灣，處理外來黑工或許比日本好

前幾天，讀到《報導者》（*The Reporter*）關於烏干達籍留學生在台灣被半強制勞動的報導（二〇二二年一月十日），頗有感慨。其實，在日本也存在同樣的問題，媒體做過多次報導，日本政府也相對重視，但至今仍然沒有得到根本性的改善。

其原因是，先進國家缺乏勞動力，又不願意開放勞動人口的大量流入，設置了重重高門檻。而發展中國家，有很多人希望到先進國家打工賺取高收入，於是以留學為名打黑工的現象便會出現，也有了仲介業者上下其手的空間，侵犯勞工人權的現象隨之而來。

對於這種事情，有人主張嚴懲有關人士，但只要勞動力供求關係不改變，這種現

象就不會消失。懲罰越嚴格，違法行為越容易轉向地下化，侵犯人權的現象恐怕也會越加嚴重。

日本有社會問題專家曾經指出，要解決這種問題，方法是：第一，要透明，把所有問題曝光，拿到桌面上來讓全社會討論；第二，要立法，從各個角度保障外籍勞工的合法權益；第三，全社會要寬容，儘量消除對外籍勞工的歧視，而國家應該補助從事這方面工作的公益團體。

日本的文化相對單一保守，排外思想嚴重，所以到現在做得非常不好。日本社會對外來勞工的排斥和歧視，經常受到國際人權組織的詬病，而原本就是多文化社會的台灣，處理這些問題，或許會比日本容易一些。

我認為，台灣社會應該重視黑工和留學陷阱的問題。蔡英文政府這幾年在國際上主打價值觀外交，民主、自由、人權無疑是和中國對抗最有力的武器。這幾天，我看到中國的媒體已經拿這個事件來批評台灣，企圖破壞台灣在國際上的良好形象。一定不能讓他們得逞。

我在《報導者》總編輯李雪莉的臉書上，看到她秀出這位烏干達籍留學生的手稿，

看到了他秀氣的字體，內容如下：「我祈禱盼望隧道的終點會有光。我仍困在隧道中途的黑暗，希望有一日，我能在這無望旅程的終點看見微光。」

他的描繪是有畫面的，而且用詞不俗。我希望台灣讀者能更接近他們的精神世界，關注他們。

# 74／還有很多比藻礁更嚴重的環保課題

做了這麼多年記者，對環保問題有一定的關心，也寫過不少稿子。說件事不怕大家笑話，來台灣之前，我從來沒有聽說過「藻礁」二字，第一次寫稿時，不知道日語怎麼說，還專門查了一下字典。

其實，我想大部分台灣人也和我差不多，如果不是經常下海打漁、游泳或潛水的話，基本上很少有和藻礁接觸的機會。與河川汙染、地層下陷、塑膠垃圾等問題比起來，藻礁公投，不得不說是一個相對冷門的環保議題。

聽說去年（二〇二〇年）保護藻礁團體開始連署公投的時候，社會上的反應也是很冷的，到了今年春天才有幾萬人簽名。但是這個話題為什麼突然變得如此熱絡，其

原因是政治的介入。在野黨把藻礁當作攻擊執政黨的工具，大肆炒作才引起了廣泛的關心。

當然，任何環保議題受到社會的關注都是好事，但是當炒作上升為政黨對立、社會對立的時候，就已經變質了。台灣雖然是一個比較重視環保的國家，但是不可否認的是，台灣還有很多比藻礁更嚴重的環保課題。

比如說，漫山遍野的檳榔樹對生態平衡的破壞，以及水土流失可能誘發土石崩塌的危險，對大家生活的影響應該遠遠高於藻礁，但是社會對這些問題的關心並不是很高。

還有，如果不用天然氣而用煤炭發電，其造成的空汙，對大家的生活也有很大的影響。我在空汙嚴重的北京生活過十年，曾經深受其害，所以非常能夠理解。

很多問題，光靠反對是解決不了的。人類要生存下去，不可能完全不破壞環境，所以如何找到妥協點才是重要的。我認為，這種政治正確的環保課題用贊成、反對來實施公投，具有嚴重的誘導性。很多民眾會用一種「反正我反對，後果怎麼樣我不管，政府要負責」的一種心態來投票，這種心態也很不好。

如果非要公投，或許可以用選擇題：A、我可以忍受空汙；B、我可以忍受限電；C、我同意修三接（天然氣第三接收站）。類似這樣的選項，或許比較合適。

日本東京的郊區群馬縣有一個八場水庫，是為了解決東京的用水不足問題建造的。水庫從一九五二年就開始修，因為反對運動不斷，修修停停，修了六十八年直到二〇二〇年三月才竣工、投入使用。此外，修建的費用比當初預算多花了幾十倍，浪費了巨大的社會資源。或許是台灣的前車之鑑。

# 75／只要民主國家認定的疫苗都是好的疫苗

關於高端這款國產疫苗，我覺得台灣有不少讓我覺得蠻奇怪的地方。

在日本有很多反疫苗的人，就是認為打疫苗對身體不好，其中還包括很多醫生。這是日本一個很大的問題，但在台灣，我基本很少見到有公眾人物出來反疫苗的，這是一個非常好的現象。

但是台灣又有很多反國產疫苗的人，主要是在野黨。這事很奇怪，我覺得質疑它沒有問題，但是發動所有的行政、司法資源，包括連公投都押下去，這點我是非常意外的。

如果以後台灣所有的新藥都要公投，用公投的方式看看大家要不要吃這個藥，這

對國際是講不通的。所以我說很奇怪。

我覺得在野黨在某種意義上不必賭這麼大，這都是執政黨的風險；疫苗出事的話，執政黨的政治生命受到打擊，在野黨在旁邊樂觀其成就可以。現在的在野黨所處環境遍地都是槍，隨便撿一槍都可以用，但偏偏不撿槍、採取自殺性攻擊，就像身上綁著炸彈，然後沒炸到別人，炸到自己。

萬一事後證明高端是有效的，高端變成台灣新的護國神山怎麼辦？那麼台灣馬上就有半導體晶片和疫苗兩個外交的利器，接著就可以向全世界說，你們要哪一個？真的這樣的話，整個中國的對台封鎖外交就完全破功了。所以，我認為在野黨背負的政治責任是很大的。因為它擋住的話，也是否定了台灣很多的求生權。這招賭得非常大。

只要民主國家認定的疫苗都是好的疫苗，我覺得台灣的疫苗被很多人抹黑、妖魔化，是一件很遺憾的事。所以我決定去打高端，選擇台灣的疫苗支持一下，希望大家能夠解除對高端疫苗的誤解。

# 76／台灣核電的風險太大

大家有看正在熱播的日本電視劇《日本沉沒》（二〇二一年十月開播）嗎？部分劇情讓人反思環境問題與危機感。正巧這幾天很多朋友問我對重啟核四公投看法，我在核能方面的專業知識不多，只能從地緣政治和國際關係的角度談幾點粗淺看法，歡迎大家交流指正。

首先聲明，我不是一個反核主義者，全世界很多國家都有核發電廠，我並不認為都是錯誤的。但做任何事情，想有回報就一定有風險，重要的是風險和回報的比例，是不是可以接受的。

個人認為，在台灣建造核能發電廠，風險和成本要比別的國家高很多，原因有

三：

第一，台灣處於地震帶上，又幅員狹小、沒有縱深。一旦發生如日本三一一大地震時，福島核電廠規模大小的核洩漏災難，即使傷亡不多，台灣全島也有可能被國際社會認為是災區。

要知道，地震十幾年後，被台灣禁止進口食品的福島等五縣，面積和台灣差不多大，日本政府做了多年的外交努力，仍無法消除很多國家對災區的歧視。

第二，台灣被很多國際組織排除在外，擁有的外交資源有限。一旦台灣有狀況，能夠得到多少國際社會上的幫助很難預測。《日本沉沒》探討的就是不可抗拒的天災逼近，以及現狀造成的種種環境問題。劇中就有日本政府懇求國際社會幫助、但被各種刁難或占便宜的場面。試想如果是台灣，處境一定比日本更加艱難。

第三，台灣旁邊有一個強大的敵人，一直虎視眈眈、企圖用武力吞併台灣。建造核能發電廠，無疑是在自己的頭上豎起一把「達摩克利斯之劍」，這把懸頂的劍，讓人時刻處在危險之中。

試想，一旦發生戰事，如果對岸久攻不下、傷亡慘重的話，說不定就會打起攻擊

核電廠的主意。台灣面對的，是一個既輸不起又沒有底線的敵人。但對所有的台灣人來說，這有可能面臨滅頂之災。

綜上所述，個人認為在台灣建設核能發電廠，有很多表面上看不到的風險和成本，供大家參考。

# 77／十八歲公民權會給台灣政壇帶來新氣象

立法院昨天（二〇二二年三月二十五日）表決通過了賦予「十八歲公民權」的憲法增修案，如果今後公民複決也通過的話，台灣的年輕人年滿十八歲就可以用投票的方式參與政治了。有很多評論認為「十八歲公民權」的改革對當前的執政黨有利，對在野黨不利。

其實並不盡然。

我接觸到的台灣年輕人之中，支持民眾黨、時代力量和基進黨的人，要比支持民進黨的還多。民進黨如果不把訴求更努力向年輕人靠攏的話，也不一定能獲得年輕新選民的支持。另外，現在的年輕人都沒有經歷過白色恐怖時代，如果國民黨能推出

一些讓年輕人喜聞樂見的政策的話，也有擴大支持的機會。

日本自二〇一六年起，也把投票權從二十歲降到了十八歲。最主要的理由，是為了應對少子化和高齡化。

隨著選民中老年人的比例逐年升高，日本的政治人物在選舉時提出的訴求，多會向醫療、年金、長照等老人關心的議題傾斜。而年輕人關心的升學、就業、育兒等問題，越來越容易被忽視。年輕人是社會的未來，十八歲公民權有機會讓年輕人的意見和需求，更多地反映到政策上。

但很遺憾的是，日本的改革並不算成功。

自二〇一六年，年滿十八歲的公民開始可以投票以來，日本已經經歷過四次全國性選舉。十八歲和十九歲的投票率，從第一次的百分之四十七，一直下降，到了最近一次的選舉，甚至降到了百分之三十二。這可能是日本的年輕人生活過於安逸，很難對政治產生興趣所致。

不過台灣和日本有所不同。因為有來自對岸的威脅，整個台灣社會充滿了危機感。而且，據我觀察，台灣的年輕人是非常能接受新鮮事物和先進價值觀的先鋒。

回顧台灣民主化的歷程，先有野百合，後有太陽花。兩次學生運動都成功地推動了社會的變革，這在世界史上也是極為少見的，可見台灣年輕人的熱情對台灣社會的影響之大。

如果十八歲公民權能夠實現，相信年輕人的參政，會給台灣政壇帶來一股新氣象。

# 78／日台的棒球交流

今天和大家聊一下棒球的話題，看棒球的人多嗎？明天（二〇二二年三月二十五日）日本職棒球季要開幕了。

我上高中和大學時，是阪神虎隊的球迷，有一段時間相當投入，幾乎是每一場比賽都看，對阪神隊所有選手的來歷和成績可以倒背如流，但是當記者以後，工作忙起來，就不怎麼關心棒球了。記得幾年前，有一次看報紙突然發現，阪神隊的出場選手竟然一個都不認識，自己也吃了一驚。

但今年，我對日本的職棒又來了興趣，一個原因是日本火腿隊的新監督新庄剛志（官方教練名單上的登錄姓名為「BIGBOSS」）。新庄和我同歲，上高中時我就非

常關注他，後來他也成了阪神隊的主力。新庄很有明星氣質，經常製造話題，成績時好時壞也是他的魅力之一，我曾多次去球場給他加油。

這一次，他出任教練，在記者會上就不停地出怪招，先說不追求奪冠、又說請牛郎來做公關，吸引了很多眼球。我想看看人氣逐漸低迷的日本職棒，能不能在新庄教練的帶領下吸引到年輕人的關注。

另外一個原因，是台灣籍球員陳偉殷去年轉到了阪神隊。過去，阪神曾有郭李建夫、陳大豐等台灣球員，創造了不錯的成績，讓我印象深刻。希望陳偉殷能夠在阪神隊再創輝煌。

我來台灣以後，一直關注日台的棒球交流。記得兩年前我採訪賴清德副總統時，副總統提出過台灣球隊是不是可以加入日本職棒聯盟的設想，就像加拿大的多倫多藍鳥隊加入美國職棒大聯盟一樣。

我覺得這個想法非常好，採訪登出來以後，讀者的反應也非常強烈，但是日本的職棒非常保守，要修改很多規則才能實現，這件事還要繼續推動。

去年，又有日本獨立球隊的琉球藍海隊，申請加入台灣職棒聯盟，但最後由於不

符合有關規定，被拒絕了。因為中職有外籍選手名額限制，琉球藍海隊難以達成。

我覺得非常遺憾。個人認為，如果雙方的職棒團體能夠修改相關規定，讓日本球隊加入台灣，或是台灣球隊加入日本職業聯盟的話，會非常有話題性。雙方球迷也一定樂於到客場為自己的球隊加油，對發展日台關係非常有利。

最近我才知道，原來在台灣的 MOMOTV 也能看到阪神虎隊的比賽，負責人是我的朋友、以前蘋果日報的記者。在此替朋友宣傳一下。

明天開始轉播阪神虎和養樂多隊的三連戰。養樂多隊的前身是「產經燕子隊」，所以，在《產經新聞》社內，基本上都是養樂多的球迷。這也讓我以前在東京本社工作時，基本上不太敢承認自己是阪神的球迷。

# 79／李前總統「台灣和牛」的故事

大家喜歡吃和牛嗎？今天（二〇二二年二月十八日）的《產經新聞》登出了李登輝前總統為台灣留下的牛肉品牌「源興牛」火鍋店開業的新聞，日本讀者反應熱烈，很多人在網上留言說，今後要專程來台灣品嚐。

「源興牛」其實就是「台灣和牛」，今後可能成為台灣觀光的又一亮點。

擁有農經博士學位的李前總統，對發展台灣的農畜牧業一直非常熱心，一直希望改善台灣的牛肉百分之九十五以上靠進口的現狀。創立台灣自主的牛肉品牌，是李前總統晚年的一大心願。

李前總統退任以後，從資料中得知，日本統治台灣時代，曾有人從石垣島帶來

四百多頭「但馬牛原種」的和牛，幾經出售和放養，現在在台灣仍有其後代在繁衍。

李登輝基金會後來在陽明山擎天岡尋獲未混種的十九頭牛隻（八頭公牛、十一頭母牛），將其血液送往日本做DNA基因鑑定，證實血統非常接近但馬牛。但馬牛又稱為神戶午，和松坂牛、近江牛並列為日本三大牛肉品牌。

李前總統購買牛群後，在花蓮悉心培育，並且以三芝故居「源興居」命名為「源興牛」。後與荷蘭乳牛雜交的子代，再行選種培育，現已有數百頭，今年終於迎來了上市。李前總統雖然沒有趕上，但他以自己的專業，為台灣留下了寶貴的遺產。

日本這幾年對和牛的出口管理非常嚴格，現在想從日本進口和牛的種牛幾乎不可能。三年前，大阪警方還偵破了一群人企圖把和牛的受精卵偷偷運往中國的案件，這些人也被正式起訴。

二月十三日正式開業的源興牛餐廳，位於台北市南京東路四段，就在小巨蛋商圈，客單價大概在一千塊新台幣左右，據說牛肉的味道鮮美柔軟，和神戶牛相差不大。可惜的是，太熱門了很難訂位，過段時間一定和朋友去吃。

# 80／為普通一餐而排隊的文化

前不久在台中新開的日本拉麵店「一蘭」前，民眾大排長龍，成了網路熱門新聞，不知道大家有吃過嗎？

看到報導，突然想吃日本拉麵了，就一個人去了台北的「一蘭」，還好人不是很多，只排了三十多分鐘就等到了。店內的裝潢、味道都很道地，讓人好像一下子回到了東京。

大學時代，在學校旁邊有一家非常有名的拉麵店叫「二郎」，要排隊一個小時以上才能吃到。我非常愛吃，經常因為吃拉麵而翹課，所以下午第一節課的成績一直不好。

排隊的時候可以看書，可以用耳機聽音樂，也把頭腦清空，什麼都不想。隨著隊

伍一點點前進，心中對美食的期待也會一點點升高，我很享受這種等待的感覺。

幾年前在日本，台灣的珍珠奶茶突然爆紅，新宿有一家排隊五、六個小時才能買到的人氣店，排隊人潮中幾乎清一色是年輕女生。我覺得並不是一杯幾百日圓的珍珠奶茶有多麼好喝，而是有很多人想透過長時間的等待，來表示對流行文化的熱愛。付出的時間越多，得到的滿足感會越高。

我住過很多國家，為普通一餐而甘願付出幾個小時排隊的地方，好像只有日本和台灣，可以說是一種文化現象。

很多年前，我曾經採訪一位九十多歲的日本企業家，詢問他「長壽的秘訣是什麼」，他想了想，回答了三個單詞：

待つこと（等待）

譲ること（讓出）

許すこと（原諒）

覺得非常有深意，一直銘記在心。但是，除了等待，其他兩條還比較難做到。與大家共勉。

# 81／桃園神社有一些違和感

日本正月裡最重要的活動叫做「初詣」，也就是新年第一次的神社參拜，感謝神靈保佑過去一年平安度過，並祈求新的一年能夠順利安康。

今天上午我和家人去了台灣唯一保存完整的桃園神社，完成了元旦的「初詣」。在神社裡看到了很多日本人，攜家從台灣各地趕來參拜，而神社周圍的環境優美，參道、手水舍、石燈籠、銅馬等，幾乎和日本的神社完全一樣，只是鳥居的頂部被拆掉了一條橫樑，變成了「雙十」的模樣。

據說日本統治時代，全台灣共有兩百多家神社，但是後來國民黨政權來台後，幾乎全部被拆掉了；其中最大的台北神社，被改成了現在的圓山大飯店，非常有中國宮

廷風，如今也是台北城市一景。

桃園神社是因為在一九五〇年被改成了忠烈祠，才得以倖免。但是後來，國民黨政府為了抹去台灣的日本痕跡，曾有好幾次計劃拆除，是遭到了文化界的反對才保存下來。

神社門口有一九八七年重修時的桃園縣長撰寫的碑文，記載了桃園神社修繕工程始末。文中寫道，當時學者提出保留的理由是「其建築特色是仿唐的」，但以仿唐的建築特色為理由而保護日本神社，中間總有令人說不出的違和感。

另一個理由說，這個神社是「先總統蔣公領導對日抗戰取得光榮勝利之鐵證」，可窺見生活在威權統治下的學者們，是如何委屈求全。

不管怎麼說，要感謝當時的有識之士，為台灣留下了貴重的文化遺產和歷史傳承。

今天的桃園神社，裡面已經沒有了日本的神靈，供奉的是鄭成功、劉永福，以及國軍的抗日烈士，而橫匾上的成語是稱讚南宋岳飛的「萬古綱常」。聽說，近年殉職的警察、消防員的牌位也供奉在裡面，每年桃園市長都會來主持祭祀儀式。

多種文化結合在桃園神社裡，雖然有一些違和感，卻也象徵著台灣這些年來走過的複雜曲折的歷史。

對著神殿，我默默地合掌，許下了「日台友好、台海和平」的新年願望。也在此祝福大家新年快樂。

# 82／日本的「櫻花前線」有可能向南延伸到台灣嗎？

大家喜歡賞櫻花嗎？賞櫻花是典型的日本文化，大家在櫻花的花期，聚集在櫻花樹下喝酒唱歌，慶祝春天的到來，看著櫻花紛飛，也感嘆生命的短暫。

櫻花花期預測在日本已實施多年。而在台灣，由中央氣象局與行政院農業委員會農業試驗所進行跨領域合作建置的「農業氣象觀測網監測系統」，於一月二十六日（二〇二二年）首次發表了台版官方櫻花花期預測。

他們預測了南投縣九族文化村的八重櫻，今年最佳賞花期為二月十六日開始。我認為，台灣開始做花期預測，會對開發觀光資源，特別是吸引日本觀光客有非常大的幫助。

日本有三大賞櫻名所，青森縣的弘前公園、長野縣的高遠城址公園，以及奈良縣的吉野山。我在大學學的是日本古代詩歌，學校每年都要舉行尋找著名詩句出處的「萬葉旅行」，所以三大名所我都去過，其中給我留下最深刻印象的是吉野山。漫山遍野的櫻花構成粉紅色的海洋，無邊無際、十分壯觀。吉野山上有一個小旅館，有幾個房間的窗戶正好可以觀看櫻花，花期的房間要提前好幾年才能夠訂到。我的老師、著名的國文學者井口樹生先生，在五十歲生日的時候，他的學生們送給他的禮物是幫老師和師母預約了十年後、他六十歲生日時可以賞櫻的房間。我上大學時，剛好趕上井口教授六十歲還曆（花甲之年），和同學們一起萬葉旅行，去了奈良，也順便參觀了老師的房間，覺得前輩們真是很會送生日禮物，讓老師一生難忘。

台灣的櫻花資源其實非常豐富，從北到南有很多的賞櫻景點，也有很多故事。一九二三年，當時的日本皇太子裕仁訪問台灣，下榻陽明山，民眾為了紀念，種下了很多櫻花，目前已經構成了一大景觀。

三年前，令和天皇繼位，台灣的民間團體「櫻花返鄉會」將陽明山的櫻花樹苗送

回日本，種在東京皇居對面的丸之內公園以示祝賀，延續了日台友誼。

日本有一群櫻花愛好者，以退休的工薪者為主，每年一月都先趕到沖繩賞櫻，然後隨著櫻花花期北上，一直到七月，跟到北海道的最北端，被稱為「櫻花前線追蹤者」。

今後，應該會有越來越多日本人注意到台灣的櫻花花期預測，說不定會有「櫻花前線追蹤者」把每一年的櫻花前線出發點向南延伸，改成台灣了。

# 83／台灣的消費力真的很強

台灣人很愛出國旅遊，尤其去日本。疫情開始之前，二〇一九年的時候，台灣人去日本大概是五百萬人次，日本人來台灣大約兩百萬人次。台灣也算是很多日本人出國旅遊的主要選擇了。

有次我寫好稿子後，東京的編輯打電話來說我寫錯了、數字寫反了。因為光看數字會從常識認為，台灣這麼小的地方，怎麼可能有五百萬人去日本？但實際上真的如此。我認為，台灣經濟是充滿活力的，消費能力和消費意願是台灣社會今後經濟和內需往上衝的一個很大的力量。

雖然兩國很多經濟構造相似，但台灣和日本完全不一樣的地方，就在於台灣社會

的消費能力很強。打個比方，二〇一九年五月疫情剛爆發時，我看到台灣獅子會的足跡都跟總統的日程差不多，到各地出席各種飯局。在日本，相同年齡層的人都是退休的人，基本都不出遠門的，可以說明台灣來自各個年齡層的消費支撐力比日本強。

還有一個現象，是我住在台灣覺得奇怪的、也很有趣的，就是雖然大家沒辦法出國，仍然在台灣各地旅遊。有個朋友住在台北，我打電話給他，他說全家要到基隆去住旅館、過個夜，想換一下環境。台北到基隆坐個車一下就到，全家一起去住旅館也是蠻貴的，這種消費能力和意願，在日本是找不到的。

在台灣吃飯時的話題，第一是談政治，第二是股票，第三是旅遊。台灣的朋友掙到的錢全想花掉，要麼講投資理財、要不就想出去玩。而日本，從九月自民黨總裁選舉到十月的眾議院選舉，我發現通膨這個詞，在日本選舉中是個褒義詞，大家希望通膨、趕緊通膨，這也是日本的執政黨和在野黨都最希望辦到的事。他們想盡了政策刺激，但民眾就是不花錢。

兩國民眾對消費的認知習慣，真的有很大的不同。

# 附錄　汪浩力挺！和矢板明夫一起「說三道四」

有一句話叫「目擊者責任」

問▼矢板先生是日本籍，汪浩先生則是英國籍，但是兩位對台灣的政治與社會文化的評論，在台灣有許多人都很看重。請問兩位如何回應外國人不能對台灣說三道四的批評？

矢板▽當時的說法是，說我「在他國恣意批評在野黨」。我覺得這個邏輯蠻有意思的，

就是在他國不可以，但在本國可以；不恣意批評可以，但恣意批評不可以；而且執政黨可以批評，在野黨不可以批評。這個邏輯是蠻奇怪的。就好像是，當他覺得不願意跟你就事論事你的言論，他就直接否定你，就說你是外國人，憑什麼說三道四？這是我們的內政，我們自己的事情。

有一句話叫「目擊者的責任」，就是說我看到一件事情，然後我想我該說出來。我說出來的話，也許說的對，也許說的不對，但說對的話，至少可以作為參考意見。

其實我認為國民黨是最沒有資格說不能讓外國人干涉內政的。有個故事很有名：一九四八年，蔣宋美齡跑到美國去，要求美國借錢、提供武器，介入中國的內戰。當時是國民黨在跟共產黨打內戰，其實就是外國人不應該介入的事情。

所以說，國民黨是一個曾要求美國介入內戰，是一個有這麼樣歷史的政黨。現在我們稍微說兩句話，他們就有這麼大的反應，我覺得有雙重標準的嫌疑。

汪浩▽矢板先生是日本國籍、日本公民，我是英國國籍、英國公民，但是我們都娶了台灣太太，所以我們是台灣女婿。而且我們住在台灣，所以又是台灣的居民。台灣是一個有言論自由的國家，我們作為台灣的居民、台灣的女婿，對於台灣的事情發表評論，我覺得也是沒有問題的。

至少就我個人來說，我不是記者，也沒有擔任公職或在機構工作，只是作為個人發表評論。

但是說老實話，我們也願意請國民黨立委來上我們《三國演議》節目，一起來討論「外國人說三道四」的問題，但他也不願意接受我們的邀請。他不讓別人說，還不願意自己來說，我覺得這種情況實在是不太應該。

## 要走入國際社會，需要克服心理障礙

問▼台灣這幾年國際能見度越來越高，經濟跟民主的表現在全球也有目共睹。但另

一方面，台灣好像還是有「外國的月亮比較圓」的心態。尤其對於外國人來台灣工作，其實管制相當嚴格，就好像我們希望大家來，但又不給大家充分的就業和工作機會。兩位都在台灣生活與工作多年，會怎麼看這個問題？

矢板▽我認為這是文化所致。日本其實也有這樣的問題，在日本特別稱作「島國心態」，會認為外國人偶爾來一下可以，但是你不要干涉我的生活，所以比如說對移民，日本人的排斥性是很強的。我想台灣也是一座島，所以台灣對外國是既在乎外國對自己的評價，同時也想和外國盡量保持一定的距離。

這幾天有個新聞，說有一位香港的移民在桃園機場大鬧，這件事在臉書上引起廣泛的討論。我覺得這照理說不是一件大事，但很多人卻討論起台灣要不要開放移民、要不要支持香港，等於把一個個案無限上升。

不過這也是因為台灣這麼多年來，因為地位比較特殊、敏感，因此可能和國外的接觸並不是那麼成熟所致。台灣今後要走向國際社會，很多方面就要開放心態，日本同樣也是如此。

我想台灣要走入國際社會，也有很多的檻要跨過去，或許台灣也可以從日本那邊多多借鏡或記取教訓。

比如說，日本的外相林芳正這幾天去歐洲開會，帶回了二十個烏克蘭難民（二〇二二年四月五日），在日本變成很大的新聞。但波蘭收了上百萬的難民，而帶二十個就變成大新聞，我覺得也是日本人心態所致。

日本和台灣一樣，也需要克服各種各樣的心理障礙。

**汪浩▽**實際上，我感覺台灣這幾年在接受外國移民的方面，已經變得蠻寬鬆了。首先，以希望來台灣定居工作的香港專業移民來說好了。我的理解是，這兩、三年，台灣吸收了將近兩萬多名來自香港、各種各樣的專業人士。

第二，相較於許多國家，台灣對於想要來投資的移民的標準，和全世界其他地方相比都是較低的。一般來說，若預計兩年投資六百萬台幣，就可以來台灣申請投資移民，所以投資移民並不太難。

第三，跨國企業若要派員工來台灣工作，台灣在這方面的批准，相對來說也

是非常容易。

當然，一個較大的問題是，台灣到現在還沒有正式的難民法。其中最大的困難，就在於對難民的定義，而這實際上也是台灣憲法導致的問題。

一般認為，難民是指「外國」來的難民，但是在中華民國的憲法裡，從中國大陸、香港來的這些人是不是外國人，在定義上是有爭議的。因此，從中國或香港來的人是不是適用難民法，也會有爭議。

但我認為，難民法在台灣到目前為止還沒有通過，這個問題可能不是對於難民的態度問題所致，更多是台灣內部的政治問題。

台灣應該可以在吸收難民問題上表現得更積極一點，比如說烏克蘭難民、敘利亞難民，或是其他國家、因為自然災害或政治迫害造成的難民。但總體來說，我認為台灣這幾年在態度上對於外國人來台灣，確實沒有那麼抵制了。

## 對於難民，不該用一竿子打翻一船人

問▼香港發生反送中事件，以及《國安法》通過之後，很多台灣人覺得自己跟香港的關係非常密切、特殊，所以應該更盡力地支援香港。但台灣也有另一種聲音，擔心大量香港人來台，會不會反而讓中國滲透台灣。請問兩位老師如何看待這個問題？

矢板▽我一直在講，我覺得台灣在各種方面都應該更開放。這當然會帶來各種各樣的問題，但我認為這就像外面有蒼蠅，你打開窗戶，蒼蠅如果進來，你再想怎麼捉蒼蠅、打蒼蠅就好，而不應該因為擔心蒼蠅可能進來，就永遠不開窗。之前我說到台灣對接受難民不是很積極的時候，就遇到有人馬上反駁，說台灣在七十多年前接受了兩百萬難民，現在還沒有消化完畢，所以還要再等一段時間。

但我認為，台灣之所以有魅力，就是因為台灣的強項在於自由民主的價值。

嚮往自由民主的價值、有同樣價值觀的人，我認為台灣如果積極地接受這些人，不停地接受新鮮的血液的話，對台灣來說其實是一件好事情。當然也要注意不要讓一些別有用心的人進來，但是用個案一竿子打翻一船人，我認為也有點過了。

汪浩▽我剛才說過，實際上過去兩、三年，台灣對於接受香港的專業人士移民來台灣，或是香港的學生來台灣讀書，這方面的政策是非常積極的。所以我覺得這類型的移民不是問題。

比較需要思考的問題，第一，是對政治庇護的難民的處理，尤其是可能透過非正規途徑入境的政治難民。對於他們，政府是不是可以更積極一點，提供更公開透明的政策？這裡面還有個問題是，實際牽涉到的人有多少。就我理解，目前在台灣，透過非正規途徑來台尋求庇護，且還沒有取得比較永久身分的香港難民，大概就一百五十多人，並不多。可是在這個問題上，台灣政府的態度還是以個案來處理、解決。

第二個問題，剛才也有講到，就是難民法能不能適用於香港人。這個問題也牽涉到《香港澳門關係條例》是不是應該被取消。台灣另外有對中國大陸的《台灣地區與大陸地區人民關係條例》，但基於一國兩制，對於香港採取比較不同的態度，所以有所謂的港澳條例。但現在，香港和中國的其他城市，至少從《國安法》的層面來看，已經沒有區別，等於已經沒有一國兩制了。有沒有必要繼續有一個港澳條例，也許可以考慮；但要不要適用難民法，這又是另外一個問題。尤其在「外國人」的認定上，我覺得整個台灣社會，在政府和民間層面，都要徹底釐清。

比如說，陸委會還要不要繼續存在？是不是應該把陸委會併到外交部裡的亞太司，或者是外交部裡的中國司，讓台灣的所有對外關係，都由外交部來處理？也許這麼做之後，那也就沒有什麼大陸條例或港澳條例，不管是中國難民還是美國難民，都適用於同樣的難民法。

## 當左右問題遇上統獨問題糾纏不清

問　▼台灣是亞洲第一個通過同性婚姻的國家，而在環保議題如藻礁公投，以及動物權利方面，其實都反映西方社會定義下左派的進步價值。但與此同時，也有人批評，台灣的社會與政治制度實際上有利於資本家，比如台積電繳的稅可能和一般老百姓差不多，因此也有偏向右派的問題。請教兩位老師怎麼看台灣體制中的左與右？

矢板▽右派崇尚自由，左派崇尚平等，但自由和平等，我覺得是一艘船。當船往左邊傾斜的時候，你就要往右邊靠一下，站在右邊，然後把船扶正。

當一個社會過度平等的話，社會就會失去活力。有錢人掙再多錢，如果稅金都被拿去接濟窮人，窮人天天不幹活，那整個社會就沒有人會去努力創造價值了，並且社會會慢慢地陷入停滯。

當然，如果社會過度自由的話，讓有本事的人拚命地掙錢、拚命地剝削，這

樣的話，貧富差距也會擴大。

所以說，為什麼要有兩黨政治呢？就是一個主張自由，一個主張平等。當社會往某一邊過度矯正的時候，讓另外一個黨上來，把船再扶正。我覺得這是一個比較正常的社會該有的情況。

台灣出現的一個很大的問題是，按理說國民黨是一個崇尚自由的政黨，而民進黨是崇尚平等的政黨，但是國民黨又跟那個最左的國家天天眉來眼去。其實按照共產黨的黨綱本身來看，共產黨是一個極左的政黨，在價值觀上反而跟民進黨很相近，只是當涉及到國家安全問題，兩邊就談不來。

按理說台灣的有錢人和資本家都應該支持國民黨，但是當台灣認同的問題出現，當左右問題遇上統獨問題糾纏不清，台灣面對的狀況就變得很難用一句話說清楚，需要很多年才能慢慢釐清。

汪浩▽剛剛提到台積電，我覺得有一些比較基本的誤解需要釐清。對於台灣經濟制度和經濟結構，有一個很重要的數字，大家一定要記住。

台灣是一個稅率非常低的國家，每年中央政府和地方政府所收的稅的總額，在整個GDP裡面大概不到百分之十五。這個數字在全世界經濟發達的國家當中都是非常低的；世界普遍的標準是百分之三十左右，甚至有一些國家到百分之四十以上。

台灣的低稅率，是所謂藏富於民，是長期的政策。不光是民進黨上台時是這樣，國民黨上台時也是如此。所以，儘管稅額總數不一樣，但台積電交稅和一般老百姓交稅一樣多，是因為他們的稅率都是一樣低的。

另外補充，目前世界各國中，所有企業不論大小，他們繳交國家的所得稅稅率都是一樣的，不像個人所得稅是採累進制。這是為了鼓勵企業創造更多利潤和工作機會，把財富留在企業，也讓企業可以進一步投資。如果要改變這個政策，就會對於整個企業的發展有很大的負面影響。

實際上，低稅率對於台灣經濟的發展也有很大好處。因為台灣的中小企業，在低稅率、藏富於民的情況下，就有更大的發展動力。

當然，這種情況也有一個壞處，就是讓台灣政府收的稅太少，所以台灣的公

共開支、公共建設的資金相對不足，沒辦法像中國政府那麼有錢，可以到處造高鐵、高速公路和飛機場。

所以說，台灣社會藏富於民，本質上是相信由民間和民間企業來推動經濟發展，政府能夠動用的資源有限，這是最基本的問題。

但相對來說，在某些社會政策上，比如同婚，台灣現在的政府是比較站在所謂進步派、比較左的立場；但台灣又有一些比較保守的力量，比如說在死刑的問題上站得比較保守，這些力量也是同時存在的。

話又說回來，這些社會問題的左右爭議，在世界上絕大多數國家都存在，甚至可能永遠存在。我不覺得台灣在這方面有甚麼特別的地方。

至於民進黨和國民黨對這些社會問題是抱持左派還右派立場，我也不覺得有很大的問題。相對來說，比起統獨問題、國家安全問題來說，這些社會問題在台灣還是屬於第二層級的問題，並不是社會最大的爭議點。

## 在高度宗教化的台灣

問▼馬上又要到選舉的季節了。每次到了選舉的時候，宮廟就扮演非常重要的角色，而除了政治以外，宮廟也在民間信仰中占據重要地位。兩位老師來自不同的社會，會怎麼看台灣的宮廟文化？

矢板▽我過去在日本的時候，也幫別人選舉。日本若要選舉的話，都會舉辦「出陣式」；候選人會帶著幾個比較重要的選舉幕僚，去神社喝神酒，然後告訴神說「我們要開始選舉了，希望神能幫忙」。

在日本，基本上所有政黨都會這麼做，但日本政黨和宗教的距離，還是不像台灣這麼近，並沒有太直接地涉入政治。

此外，日本雖然不是單一宗教的國家，但是神道教的信徒大約有一億人。不過，也有很多人既信神道教又信基督教，有點像台灣，信仰上比較多元。只是相比起來，我覺得台灣宗教還是很多。

我來台灣之後覺得台灣有三個東西很多：媒體多、宗教多、銀行多。在電視上，還可以看到有人上來講經或講教，我覺得是台灣的特色。

我認為在某種意義上，社會如果有宗教信仰的話，其實能發展出互助組織。就像汪浩大哥剛才講的，台灣政府收的稅很少，所以其實有很多政府應該做的服務，反而過多仰仗於宗教團體，而很多應該政府做的事情，人民也會去找政治人物或宗教團體幫忙。

不過，這當中有個問題，我實際上是有意見的。我覺得台灣現有的法律沒有很好地監管宮廟財務的公開透明度。

比如說大甲鎮瀾宮，顏清標當董事長二十二年，鎮瀾宮完全沒有公布過他的財務，只公布鎮瀾宮現在的財產跟二十二年前一樣、沒有變化，這是不可置信的狀況。每年大甲媽祖遶境，有上百萬人參加、收了無數的捐款，怎麼可能二十二年來財產都沒有變化？

我想政府不一定需要收宮廟的稅，但應該監管它們的財務狀況，讓這些宮廟財產公開透明化，向社會負責。

不過某種意義上，因為台灣採取小政府，政府能做的事情不多，所以大家往往把需要互相幫助的事務交給宗教團體或政治人物。這依舊是台灣的特點。

汪浩▽我也覺得是這樣。剛才講台灣政府藏富於民，也就是說台灣是一個小政府、大社會的環境。因此，台灣公民團體（包括宮廟）的力量比較強大，公民社會的發展也是比較成熟的。有很多民間組織提供社會生活方面、各種各樣的服務，也確實跟財富大多留在民間有關。

我個人是無神論背景出身，也沒有特別的宗教信仰，對台灣的宮廟文化也沒有特別的觀察。不過台灣實際上是一個高度宗教化的國家。不光只是一般的民間信仰的宮廟，所有的宗教在台灣幾乎都滿發達的，不管是長老教會、天主教會，或者是一貫道、法輪功，還是道教、佛教、媽祖信仰。

所以說，台灣是一個真正的、宗教信仰高度發達的地方，而且非常地自由和平等。大家如果常常到台灣廟裡拜拜的話，就會發覺實際上有不同的宗教混

雜在同樣一個地方。你又拜觀世音、又拜媽祖、又拜道教的祖先，大家都在同一個屋簷底下，這樣的狀況在全世界是蠻少有的。

## 兩蔣問題不只是政治

問▼年底九合一選舉，其中蔣萬安是現在台北市長最熱門的候選人之一。但關於如何看待蔣家，一直是台灣政治和社會上非常大的問題。請教兩位老師如何看中正紀念堂和兩蔣陵寢引發的爭議問題？

汪浩▽我大概有這麼幾個看法。首先，我覺得轉型正義的問題在台灣還要繼續推動，因為轉型正義並不是幾年內就能解決的問題。特別是對於政治檔案的徹底解封和公布，以及對於被害者的歷史事實的調查，都必須繼續做下去。再加上，我們現在只有被害者，但對迫害者的責任追究，也是必要的。

對於中正紀念堂的轉型，我實際上在前幾年有寫過文章，呼籲可以把它轉型為一座歷任總統、副總統的文物博物館。不光是包括蔣中正，也可以包括蔣中正之後的歷任總統，嚴家淦、蔣經國、李登輝、陳水扁、馬英九、蔡英文，只要是歷任卸任總統，和他們有關的文物都可以放在中正紀念堂，讓它作為博物館，讓造訪的人了解過去七十多年的台灣現代史。這樣的博物館就相對就比較中性、也不切割歷史。

關於慈湖，我覺得當然慈湖作為一個旅遊設施，當年吸引大陸遊客還是蠻有效果的。至於現在，因為疫情的關係，大陸遊客少了，所以慈湖的功能受到影響。我覺得疫情過去了以後，恢復旅遊，留著它吸引大陸遊客，還是有一定的用處。

至於國民黨去慈湖祭拜的問題，我覺得這是他們政黨內部的事情。當然，蔣家人要去祭拜，那也是蔣家的家務事。不過就我的理解，蔣家人每次去祭拜的時候，蔣萬安並沒有參與，因為蔣萬安並沒有被蔣家人接受為蔣家人。

蔣萬安只是自稱蔣經國的子孫，可是蔣經國的嫡系部隊並不認為蔣萬安是蔣家人。所以這之中還是有差別的。

話又說回來，蔣萬安是不是台北市長的合適候選人，和他是不是蔣經國的子孫，我覺得這兩個問題應該沒有直接關係。不過最近這一段時間，他一直有在打蔣家牌，也在臉書上寫了不少東西。但實際上，我覺得這張牌打得越多，實際上對他越不利。

知道他是蔣家子孫的，自然就知道，但他不斷地提醒大家，反而引起反感，對於中間選民尤其如此。

**矢板▽**關於中正紀念堂，它除了是一個威權時代的象徵，同時也是大部分台灣人的共同記憶。大家生活在那個時代，就知道台北市中心有那樣的地方，且自己年輕的時候有去過。至於要不要拆遷，我認為是時間的問題。也許三十年、五十年後，大家對中正紀念堂就完全沒感覺了，但是現在還有很多人，認為這個地方是自己人生的一部分。所以要拆它，我覺得就要徵得大家同意，等大家都認為

差不多了，那該拆的時候就會拆了。

我想拆與不拆，都會在社會上引起爭議，我覺得這是大家應該心平氣和討論，說不定還要投票決定的事情。

但是，如果長遠地來看，我覺得中正紀念堂畢竟還是代表威權時代，是不合時宜的事物。

至於國民黨每年清明節去慈湖參拜兩蔣的問題，我也覺得這是他們的傳統。但其實，現代的民主社會的政黨，沒有一個會這麼做。我從來沒聽說過日本自民黨要到哪裡去參拜創黨的人，也沒聽說美國共和黨去參拜創黨的人。國民黨之所以如此，我認為是因為蔣介石曾這麼帶頭，曾經每年帶著文武百官去參拜國父。

第一，蔣介石本身是洪門出身，是屬於黑道背景。而他採取的參拜的方式，實際也是黑道的做法。第二，當年蔣介石奪權的時候，他並不是孫文意中的接班人，在他前面還有很多人，比如廖仲愷、汪精衛，等於蔣介石是篡權篡過來的。所以他才拚命地設法往孫文身上靠，藉以提高自己的權威。

只是沒想到一百多年前的傳統，到今天還是繼續流傳下來。我想這種方式，是他們自己玩得高興的方式，而這種政黨在現在，是很難得到廣大選民們的支持和理解的。

如果國民黨無法從這種傳統跳脫出來的話，我想在台灣社會的道路，應該是會越走越窄。

汪浩▽不過兩蔣的問題確實不只是政治問題，也是情感上的問題。怎麼去面對這些情感問題，對執政者來說就是一個很大的課題。

但是我一貫主張，轉型正義也好，情感問題也好，對歷史人物的評價也好，這些問題都需要繼續做。歷史不應該切割，台灣人也不可能一筆把兩蔣抹煞掉。

我是覺得，從建國論的角度來講，中華民國台灣就是一個主權獨立的國家，從一九四九年就開始了。這七十多年來的歷史，透過把中正紀念堂轉型為總統紀念館，紀念過去歷任總統的文物，是解決問題的一個比較好、比較中性

的方法。

但是不管怎麼做，都要把歷史的脈絡爬梳清楚。

## 確實存在媒體資源不足的問題

問▼回應剛才提到的情感問題，台灣社會一直被大家詬病的一個問題是非常濫情、非常理盲，不管在任何政治或社會議題探討上，檯面上吵得很熱鬧，但大家都沒有真正去追究問題的本質，以及日後如何杜絕問題再次發生。請問兩位老師會怎麼看台灣的公共討論經常流於口水、膚淺的問題？

矢板▽確實，我覺得在台灣，當一個話題出現的時候，大家會完全集中討論這個話題，但事情過去之後就再也不提了。這一點是很明顯的。

比如說，我去年還經常上政論節目的時候，當時發生太魯閣號出軌事故，所

有的節目都在討論台灣的公共建設該怎麼辦，以及相關的安全問題。但突然間，下一個新聞出現之後，相關討論就被放下了。

前不久，正好是太魯閣號出軌一週年，我發覺檯面上基本沒有討論，而當時提出的檢討問題，也沒有人去檢證有沒有做到。

這也許跟台灣的媒體文化有關。我剛才講台灣媒體多，媒體多、市場不大，所以競爭激烈。大家為了吸引眼球，就會一窩蜂討論某個話題，這也讓媒體整體比較浮躁，對於某些社會話題，一下子集中，一下子又忘卻了。我覺得這並不是一個很好的現象。

我偶爾也會上日本的一些政論節目。上節目之前，通常都要跟他們的編導打很多次電話。有一次，我上一集三十分鐘的節目，他們事先打一個小時的電話，和我溝通要談什麼，而且也會提前寄來腳本，要做很多的準備。

為什麼會這樣做？因為日本的電視台只有五、六個。所以節目就會做得相對比較精緻，而且它們的團隊人也多，相對地資源也多。但是台灣在這方面就不是如此，所以像錯別字等等各方面的問題就會出現。我覺得這是蠻遺憾的

事情。

汪浩▽我覺得最重要的是，台灣這幾年比較大的進步，是對於自己的自信心有所提高。這個自信心取決於：第一，對於台灣本身的國家認同問題；第二，對於台灣在國際社會中的地位問題；第三，對於台灣的制度的信心問題；第四，對於台灣的社會發展方式的自信心的問題。

在這種情況下，對於一些問題的討論，相對來說討論層次也會慢慢地提高。但是像剛才矢板先生說的，台灣確實存在媒體資源不足的問題。

某種意義上說，台灣的政論節目現象，在全世界幾乎是絕無僅有。台灣每天製造大量的政論節目，而且政論節目普遍來說製作相對容易、快速，所以大家的討論也就比較不深入。同一個議題在五、六個頻道裡面反覆地討論，到了第二天，又換成了另外一個議題，沒有深入地追蹤前一天的報導。

但是，我覺得這幾年來，整個台灣社會的自我認同的成熟度，確實有蠻明顯的提升。特別是在疫情之下，因為半導體產業鏈的關係，因為在全世界的自

由民主跟專制獨裁的這兩大陣營的新冷戰中間、台灣的立場的關係，台灣的整個社會意識在最基本的國家認同問題上，是有很大的進步的。

## 「亡國感」與政論節目

問▼我們最後一個問題，還是回到台灣的「名嘴文化」。名嘴文化是華人世界招牌，但以汪浩老師的說法來看，這種文化似乎在全世界範圍內都絕無僅有。這一方面說明台灣的言論自由發達，但一方面又能看到媒體因為資源不夠，而無法深入挖掘議題。請教兩位老師會怎麼回應這樣的問題？

矢板▽剛才說到，我在日本也上一些政論節目。但是在日本，說真的除了某個圈子以外，我是沒有知名度的，不可能走在街上被人認出來。因為日本政論節目的收視率是很低的，這也是因為社會大眾要關心的事，除了政治之外還有很多。

但是台灣呢，我覺得台灣因為還處於一種隨時都有亡國感的狀態，大家總怕亡國、總怕自己無家可歸，在這種連最基本的安全需求都沒有被滿足的時候，說有別的需求都是假需求。

其實，台灣的政論節目討論的所有問題，深入來看還是統獨問題，還是台灣的將來該怎麼辦的問題。日本社會就不存在這樣的問題。

舉例來說，近來最明顯的就是疫苗問題。台灣可能是全世界唯一一個一聽說你打什麼疫苗，就知道你政黨傾向的地方。一種疫苗的好壞，原先可以冷靜地去談，但是在台灣就變成政治話題、統獨話題了。

同樣的問題，香港也有。在香港，看你是打BNT，還是打科興，就能知道你的政治傾向。這次香港疫情爆發這麼嚴重，在某種程度上，就是因為很多香港人為了支持中國而打了科興疫苗。科興疫苗一旦沒有發揮效用，香港疫情就一發不可收拾了。

除了疫苗問題之外，台灣還有很多問題是一拿出來談，就會立刻和選舉掛勾。比如說前不久新竹縣和新竹市要合併的問題；又比如說十八歲投票權的問題，

都是立刻牽扯到了統獨問題，甚至連對岸的國台辦都發言了。

任何話題都可以往同一個方向帶，我覺得很奇怪，也可說是台灣的一大奇蹟。

汪浩▽我覺得這也是台灣政治上的困境之一。基本的政治認同問題和國家的安全沒有解決，所以任何問題都會被扯走。

我是這麼看的——這兩年來，全世界因為自媒體的發展，所以全世界都有很多自媒體的網紅來討論政治，台灣在這一點上跟全世界一樣，沒有太大的差別。

但是台灣有牌照的電視台，之所以政論節目的比重比較大，和NCC（國家通訊傳播委員會）的政策有關係——它要求任何新聞台要有一定的比例，必須是自製的節目。如果做綜藝節目，實際上的成本是比較高的；如果是自己拍電影，或是自己做深度新聞、紀錄片，那成本就更高了。

不過，如果是做政論節目，不僅成本最低、又符合自製的規定，這就是為什麼這麼多電視台願意做這些政論節目。同時，台灣人確實長期養成了看政論

節目的習慣，英國人、美國人，或是日本人，可能都沒有這種習慣。不過，我也覺得這個行業可能是夕陽產業了。因為現在在台灣看政論節目的，都是老人和中年人，二十歲以下的人完全不看電視政論節目。所以隨著這些人長大以後，因為沒有市場了，也許台灣就不會再有這麼多政論節目，當前政論節目的文化也會就此改變了。

# 矢板明夫在台灣「說三道四」


編者　八旗文化
主編　洪源鴻
責任編輯　柯雅云
行銷企劃總監　蔡慧華
封面設計　許紘維
內文排版　宸遠彩藝
社長　郭重興
發行人兼出版總監　曾大福
出版發行　八旗文化／遠足文化事業股份有限公司
地址　新北市新店區民權路 108-2 號 9 樓
電話　〇二～二二一八～一四一七
傳真　〇二～八六六七～一〇六五
客服專線　〇八〇〇～二二一～〇二九
信箱　gusa0601@gmail.com
臉書　facebook.com/gusapublishing
部落格　gusapublishing.blogspot.com
法律顧問　華洋法律事務所／蘇文生律師
印刷　前進彩藝有限公司
出版日期　二〇二二年五月（初版一刷）
定價　三八〇元整
ISBN　978-626-7129-17-3（平裝）
978-626-7129-15-9（EPUB）
978-626-7129-16-6（PDF）





矢板明夫在台灣「說三道四」
八旗文化編輯
初版／新北市／八旗文化／遠足文化事業股份有限公司／2022.05
ISBN：978-626-7129-17-3（平裝）
一、臺灣研究　二、臺灣政治　三、臺灣社會　四、文集
733.07
111005038